ちょっとまじめに英語を学ぶシリーズ1

英語辞書マイスターへの道

関山健治 著

ひつじ書房

ちょっとまじめに英語を学ぶシリーズ
刊行のことば

　英語の習得には多大な時間と労力を要します。ところが書店には、「1日15分で」「おどろくほど簡単に」「面白いほど身につく」という具合に、いとも簡単に英会話ができるようになることを宣伝したり、特効薬のように英語力が向上することを謳っている書籍が多く見受けられます。このような書籍を、売らんかな商法の本であると批判することは容易なことですが、英語を学びたいという願望を多くの人が持っているということの現れでもあります。そうであるなら、このような状況に鑑み、お手軽にマスターできることを謳う方向とは逆の、コツコツまじめに英語を学びたい、やり直したい人に役立つ学習書を提供したいと私たちは考え、「ちょっとまじめに」シリーズを企画しました。このシリーズでは各執筆者の専門領域の知見と教育経験に裏打ちされた効果的な学習方法が、わかりやすく解説されています。専門的な知識に触れながら、かつ楽しく英語を学びたい人たちの一助となることができましたら幸いです。

2017年7月
赤野一郎・内田聖二

はじめに

　国語辞典の編集現場を描いた『舟を編む』という小説が、映画化、アニメ化され、ふだん何気なく使っている辞書に関心を持つ人も増えているようです。国語辞典や漢和辞典といった日本語辞書の啓蒙書が多数刊行され、冊子辞書が平積みされるなど、ちょっとした辞書ブームと言ってもよいほどです。英語辞書学の研究者として、辞書の執筆、校閲に携わる私にとっても嬉しいことで、辞書に関心を持つ英語学習者が増えるきっかけになれば、と願っています。

　一方で、スマートフォン、タブレットの急速な普及は、辞書の検索環境にも大きな影響を及ぼしています。冊子辞書や電子辞書専用機ではなく、訳語だけを羅列した無料の辞書アプリや翻訳サイトで済ませてしまい、お金を払って辞書を買ったことがないという学生は、今では珍しくもありません。情報メディアが日進月歩で進化する中、何百年という歴史を誇る「本物の辞書」の良さを知ってほしい、という思いは、言語を問わず、辞書に携わる者に共通していると言ってもよいでしょう。

　本書は、そんな辞書の魅力を1人でも多くの英語学習者の方に伝えたいという願いをこめて上梓した、拙著『辞書からはじめる英語学習』（小学館・2007）の姉妹編として、実際に講義やゼミを受講していた学生から受けた質問などをもとに構成しました。英語を学んでいて生じる素朴な疑問に対し、実際に辞書を引きな

がら考えていきます。電子辞書専用機、辞書アプリ、ウェブ辞書といった最新の辞書メディアも見据え、全文検索、日本語例文検索といった、最新の電子辞書ならではの検索機能の使い方を紹介するとともに、冊子辞書の引用図版を多く入れることで、紙の辞書ならではの見やすさ、分かりやすさも再発見していただければと願っています。また、類書でほとんど扱われていない内容であるにかかわらず、『辞書からはじめる英語学習』では十分にとりあげられなかった語源記述の読み取り方や、英語母語話者向け英英辞典の活用法など、英語教員や、実務で英語をお使いの皆さんにも役立てていただける内容も盛り込みました。

　本書の執筆に際して、シリーズ監修の赤野一郎先生、内田聖二先生からは、草稿をお読みいただき、貴重なコメントを多数いただきました。ひつじ書房の松本功さんからは、内容面に関してさまざまなご提案をいただきました。感謝申し上げます。練習問題の内容やデータ整理に関しては、中村志穂さん、田里英喜さん、阿部羽香奈さんをはじめとした学生の皆さんに大変お世話になりました。ありがとうございました。

2017 年 7 月
関山健治

目次

はじめに　　iv
この本の使い方　　x

1 辞書メディアの種類と特徴　　1

1-1 冊子辞書　　3
冊子辞書の歴史　　3
冊子辞書の特徴　　4

1-2 電子辞書専用機　　7
電子辞書専用機の歴史　　7
電子辞書専用機の特徴　　10
英語学習者にとっての電子辞書専用機　　12

1-3 辞書アプリ　　13
辞書アプリの歴史　　14
辞書アプリの特徴　　15

1-4 ウェブ辞書　　17
ウェブ辞書の歴史　　18
ウェブ辞書の特徴　　19

1-5 どのタイプの辞書がいいのか？　　21

2 辞書はこうやって使う　23

2-1 日常的な英語学習で使う　24
2-2 資格試験の勉強で使う　26
2-3 単語力をつけるために使う　28
2-4 実務で英語を必要とする人が使う　32
2-5 通勤、通学時に使う　35
2-6 電子辞書ならではの機能はこう使う　36
ワイルドカード検索　36

履歴・単語帳　41

例文検索（英語）　43

例文検索（日本語）　46

成句検索　50

全文検索　53

3 英和辞典を使いこなそう　57

3-1 **英和辞典の種類**　58
初級学習英和辞典　61

中級学習英和辞典　62

  上級学習英和辞典　　　　　　　　　　　　　　　64
  辞書は買い換えるもの！　　　　　　　　　　　64

3-2 学習英和辞典のその先へ　　　　　　　65
  一般英和辞典はこんな時に使える　　　　　　66
  一般英和辞典と学習英和辞典は全く別のもの　70

3-3 一般英和辞典の語源欄を読みこなそう　71
  「いつ」英語に入ってきたか？　　　　　　　73
  英単語の「ふるさと」をさぐる　　　　　　　81

4　英英辞典を使いこなそう　　　85

4-1 こんな時に英英辞典を　　　　　　　　86
  英和辞典でピンとこないときに引いてみる　　88
  英語を書くときに使ってみよう（和英辞典の代わりに使う）　90

4-2 英語学習者向け英英辞典と一般英英辞典　94

4-3 英語学習者向け英英辞典の特徴と種類　97
  定義に使う単語のレベルを限定する（制限定義語彙）　98
  求める語義に素早くたどりつける（小見出し）　99
  コーパスに基づいた頻度表示　　　　　　　　102
  コーパスをもとにした生きた用例　　　　　　105

  ウェブ辞書版とDVD-ROM版のバンドル　　106
4-4 一般英英辞典の世界　　107
  詳しくて厳密な定義　　110
  意味の歴史的な流れが分かる語義配列　　111

5 こんな辞書も使ってみよう　　119

5-1 シソーラス (類語辞典)　　120
  英英辞典のかわりにシソーラスを使ってみよう　　121
  英語を書くときにシソーラスを使ってみよう　　123

5-2 コロケーション (連語) 辞典　　129
  コロケーションとは　　129
  コロケーション辞典を使ってみよう　　130
  日本人による、日本人のためのコロケーション辞典　　134

あとがき　　136
やってみようの解答例　　138

この本の使い方

　本書の多くは、辞書に関する学生からの質問(「質問です」)に対して、「辞書を引こう」で実際に辞書を引きながら解説し、「やってみよう」で力試しをするという構成になっています。ふだん使っている辞書を実際に引きながら読み進めるうちに、「英語辞書マイスター」に近づいていくことでしょう。辞書を使い慣れている方は、まず「質問です」の部分だけを拾い読みし、それぞれの質問に対してどのように辞書で調べればいいかを考えてから全体を読むようにしてもいいでしょう。

　なお、辞書ごとに編集方針は異なりますので、皆さんがお使いの辞書の中には、本書で引用されている辞書と内容が多少異なっていることもあります。どちらが良い辞書、悪い辞書と価値判断をするのでなく、複数の辞書を引きくらべ、辞書の個性を楽しんでみましょう。

辞書略称一覧

AHD (American Heritage Dictionary of the English Language)
CALD (Cambridge Advanced Learner's Dictionary)
COBUILD (Collins COBUILD Advanced Learner's Dictionary)
LCDT (Longman Collocations Dictionary and Thesaurus)
LDOCE (Longman Dictionary of Contemporary English)
MEDAL (Macmillan English Dictionary for Advanced Learners)
MWCD (Merriam Webster's Collegiate Dictionary)
MWED (Merriam Webster's Elementary Dictionary)
NOAD (New Oxford American Dictionary)
OALD (Oxford Advanced Learner's Dictionary)
OCD (Oxford Collocations Dictionary for Students of English)
ODE (Oxford Dictionary of English)
OTE (Oxford Thesaurus of English)
SOED (Shorter Oxford English Dictionary)
WNWD (Webster's New World College Dictionary)

辞書メディアの種類と特徴

1990年代前半までは、辞書は紙でできているのが当たり前でした。当時大学生だった私は、英和・和英・英英の3冊の冊子辞書を大きなカバンに入れて持ち歩いていましたが、筋力トレーニングでもするつもりかと笑われたことも一度や二度ではありません。

　1990年代後半になると、冊子辞書の内容をそのまま収録したフルコンテンツタイプの電子辞書専用機が普及しました。最近では、高校生はもちろん、中学生、小学生でも電子辞書を持っているのは当たり前で、紙の辞書を引いたことがないという人も出てきています。

　一方、スマートデバイス（スマートフォンやタブレットなど、ネット接続が可能なタッチパネル付き小型コンピュータ）に対応した辞書アプリもここ数年で急速に普及してきました。

　冊子辞書、電子辞書専用機、PCやスマートデバイス向けの辞書アプリ、ウェブブラウザー上で検索する辞書サイトなど、様々な種類の辞書が乱立する中で、どのような辞書を使えばいいのか戸惑っている人も多いのではないでしょうか。ここでは、それぞれの辞書を比較しながら、英語を学ぶ際にどういう辞書を使えばいいのか考えてみたいと思います。

　辞書は、次のように分けられます。

1 辞書メディアの種類と特徴

1-1

冊子辞書

質問です 1
電子辞書が普及した今、持ち歩きに不便で字が小さい紙の辞書は必要なのでしょうか？

「重い」「分厚い」「見にくい」本の代名詞とされてきた冊子辞書ですが、「軽くて、薄く、見やすい」電子辞書が普及した今でも、書店へ行けば昔と変わらないぐらい豊富な冊子辞書が並んでいます。

冊子辞書の歴史

　日本だけに限っても、紙の辞書は1200年近い歴史がありますが、長年にわたり、辞書は通常の書籍以上に堅くていかめしい印象を持たれてきました。内容はもちろんですが、昔の辞書の多くは、触ることさえためらわれるような豪華な装丁で、書籍の中でももっとも高額なものの1つであったことも、辞書に対するいかめしさを強くしていたのかもしれません。読者を楽しませたり、和ませたりすることを目的として書かれた小説や随筆などとは異なり、辞書を理解するには、読者（辞書利用者）が努力をしてその辞書になじむべきだ、という考えも一昔前までは根強くありました。

　しかし、20世紀後半になると、大学進学者の増加に伴い、様々な層の利用者が辞書を求めるようになりました。そのため、昔の辞書のように雲の上であぐらをかいているのではなく、逆に辞書

が利用者に歩み寄り、高校生や大学生をはじめとした英語を学んでいる人の視点に立った、親しみやすく、使いやすい「ユーザー・フレンドリーな辞書」が急成長しました。

1990年代後半以降は、電子辞書専用機やウェブ辞書などの電子辞書も急速に普及してきましたが、次に挙げるような冊子辞書ならではのよさを活かし、今まで以上に使いやすい辞書が多く生まれています。デジタル時計が普及してもアナログ時計がなくならないのと同じで、これからも、冊子辞書は電子辞書と切磋琢磨しながらいっそう進化していくことでしょう。

冊子辞書の特徴
・長持ちする

　最近の電子辞書は、多少の衝撃で壊れることは少なくなりましたが、水に濡らしたり、通勤電車の中で押されたりすれば液晶画面が割れたり、電源が入らなくなったりします。タッチパネルを搭載した機種では、画面の一部にひびが入っただけで全く動かなくなることもあります。

　日本の冊子辞書は、辞書専用の紙（インディアペーパー）を使い、頑丈に製本されているので、大切に使えば最低でも50年ぐらいは持ちます。にわか雨に濡れても、ページが波打つ程度ですみますし、東日本大震災で何日も水につかっていた辞書でさえ、修復できたという例もあります。

　一方で、辞書は5〜10年おきぐらいに改訂されますので、冊子辞書の場合、辞書の物理的な寿命が来る前に新版が出版されることになります。そのため、情報が古い辞書を買い換えないで何年も使っている人が多くなってしまっているのは残念です。

・見やすい

　冊子辞書には、膨大な情報を見つけやすく、読みやすくするためのノウハウが長年にわたって蓄積されています。重要語を色刷りにしたり、文字の大きさを変えたりといった目に見える部分だけでなく、余白の大きさや行間、レイアウト、紙質（色合い、ページのめくりやすさ）や造本（ページの開きやすさなど）に至るまで、見やすさ、引きやすさが追求されています。

・「引く」だけでなく「読む」ための情報が多い

　大きな図版や付録など、多くの電子辞書では割愛されている冊子辞書ならではの内容もあります。とくに多くの初級学習英和辞典（→61ページ）の巻末には、基本的な文法事項をかみくだいて説明した英文法解説があり、英語が苦手な学習者が辞書の内容を理解しやすくする工夫がされています。

・書き込みやマーキングが簡単にできる

　最近の電子辞書には、ノートやマーカーの機能を備えた機種もありますが、思い立ったときにペン1本で簡単に書き込んだり、重要な語義に線を引いたりできるのは冊子辞書ならではです。使い込むにつれて書き込みが増え、ぼろぼろになっていく様子を見ることで、自分の英語学習を振り返ることもできます。

・慣れれば電子辞書よりも速く引ける

　引きたい単語の綴りを直接入れて検索する電子辞書と違い、冊子辞書では綴りを思い浮かべながら、「この辺に出ている

だろう」、と予想しておおざっぱにページをめくる、いわゆる「アナログ引き」をする必要があります。初めのうちは1つの単語を引くのに何十秒もかかるかもしれませんが、慣れてくると、どのあたりに載っているかが推測できるようになり、電子辞書より速く引くこともできます。

冊子辞書を通して実感する「ことばの重み」

電子辞書に比べて、大きい、重い、厚いということは、一般的には冊子辞書の短所とみなされていますが、私にとっては逆に、ことばの重みを直接感じることができるという点で、むしろ冊子辞書ならではの良さであると感じます。初めて辞書を手にしたときのずっしりした質感を通して、言葉を大切に使わないといけないと感じた経験のある人は多いのではないでしょうか。

電子辞書は、冊子辞書の端から端までがそっくりそのまま収録されているわけではなく、巻末の付録やはしがき、執筆者一覧などは割愛されているのが普通です。今度書店へ行ったら、皆さんが電子辞書でよく使っている英和辞典の冊子版を探し、冒頭の執筆者一覧を見てください。学生向けの学習英和辞典でも、数十人の執筆者が分担し、1人1人が責任を持って執筆、校閲、編集を担当していることに驚くことでしょう。冊子辞書は、不特定多数の人が不定期に寄稿したものをまとめた一部のウェブ辞書とは違い、たとえて言うなら、原産地や加工業者を明記している食材のようなものですから、内容の信頼性は比較になりません。

1-2

電子辞書専用機

質問です2
英語の授業ではスマートフォンの辞書アプリは使用禁止と言われました。なぜ、無料で使える辞書アプリやインターネット上の辞書サイトがたくさんあるのに、何万円もする電子辞書を買わないといけないのでしょうか？

　電子辞書ときいてすぐに思い浮かぶのは、写真のような、液晶画面とキーボードがついた携帯型の電子辞書ではないでしょうか。最近では、初めて買った辞書が電子辞書という人も増えているので、皆さんの中にも電子辞書はもっているのに冊子辞書を使ったことがないという人もいるかもしれません。

電子辞書専用機の歴史
　電子辞書専用機の歴史は、英単語を入れると日本語訳が出る、

という単語集のようなものも含めれば、1979年にシャープが発売した「電訳機」（IQ-3000）にさかのぼります。日常語を中心に約5000語を収録し、日本語訳はカタカナで表示されました。通常の英和辞典と違い、発音記号や用例、解説は一切収録していないので、辞書というよりも電子単語集に近いものでした。

　もっとも、当時はパソコンでさえ漢字表示ができる機種はほとんどなく、データの記憶も（ハードディスクやフロッピーディスクでなく）カセットテープで行っていた時代で、電卓でさえ液晶表示のものは珍しかったということも頭に入れておく必要があります。辞書としては今ひとつでも、5000語もの単語がポケットに収まり、見やすい液晶画面で表示される電訳機は、1980年代以降のヒット製品となった電子手帳や液晶テレビなどのもとになった記念碑とも言えるのではないでしょうか。

世界初の電子辞書 IQ-3000｜シャープ｜1979年

　1987年には、初級レベルの高校生向け冊子辞書に匹敵する約35000語を収録し、漢字仮名交じりで訳語が表示される「電字林」（PD-1）が三洋電機（現パナソニック）から発売され、収録語数や見やすさにおいて、ようやく冊子辞書と電子辞書が肩を並べるようになりました。ちょうど私が高校生だった頃なので、英語学習には大変重宝しましたが、当時は電子辞書というもの自体が全くと言っていいほど知られていなかったため、「筆算のかわりに

電卓を使うのと同じで、こういう辞書では英語力がつかない」などと言われたこともあります。用例や発音記号などは一切載っていないため、「冊子辞書並みの語数が入った英単語集」の域を出なかったことも一因でしょう。

冊子辞書並みの語数を収録したPD-1｜三洋電機｜1987年

　1992年になると、冊子辞書の文字情報を用例なども含めてすべて収録した、今の電子辞書専用機の原点とも言える「フルコンテンツタイプ」の電子辞書（TR700）がセイコー電子工業（現セイコーインスツル）から発売されました。以降、毎年のように新機種が発表され、搭載辞書数が増えるとともに、例文検索などの冊子辞書にない機能も追加され、最盛期の2007年には年間200万台以上が出荷される人気商品となりました。

冊子辞書の文字情報をすべて収録したTR700｜セイコー電子工業｜1992年

最近では、スマートフォンやタブレットの辞書アプリやウェブ辞書に押され、老舗のセイコーインスツルが電子辞書事業から撤退するなどの動きもありますが、辞書に特化して使いやすさを追求した電子辞書専用機は、英語学習の必需品として、高校生、大学生の学習用途を中心に今でも根強い人気があります。

電子辞書専用機の特徴

・ネットに接続できない場所でも使える

　　ウェブ辞書はもちろん、スマートフォン向けの辞書アプリの中にも、インターネットに接続しないと使えないものがあります。電子辞書専用機は、すべての辞書が本体に内蔵されていますので、航空機内や学校、公共施設、病院など、ネットの使用が禁止されている場所でも使えます。

　　ネット接続ができない電子辞書専用機は、スマートフォンなどと違い、勉強中にウェブサイトやSNSを見るなどの「よそみ」ができないので、気が散らないというのも隠れたメリットでしょう。

・*たくさんの辞書を持ち歩いて比較できる*

　　最近の電子辞書専用機は、100冊以上のコンテンツを収録している機種がほとんどです。辞書以外の書籍も多く入っていますが、紙媒体ではとうてい持ち歩けない量の辞書をどこへでも携帯できるのは、電子辞書専用機ならではです。電子辞書専用機は最低でも30000円ぐらいはするので、高いと思う人も多いかもしれませんが、収録されている辞書の冊子版での合計価格を考えると、辞書の福袋と呼んでもいいぐらい割安であると言えます。

- 複数の辞書と連携し、大きな1冊の辞書のように活用できる

    原則として冊子辞書同様に辞書1冊1冊が独立している辞書ソフト、アプリと違い、電子辞書専用機では、収録されている辞書同士が連携しています。そのため、複数辞書検索機能を使って何冊もの辞書を同時に引いたり、ジャンプ機能を使って辞書と辞書の間を自由に行き来するといったことが簡単にできます。

    英語を学ぶ際にも、英英辞典の定義の中で出てきた分からない単語を英和辞典にジャンプして確認したり、和英辞典を引いて出てきた英単語を英和辞典や英英辞典で引き直してニュアンスを確認する、1冊の辞書の内容を鵜呑みにしないで別の辞書に「セカンドオピニオン」を求めるなど、辞書と辞書の間の垣根を取り払った引き方ができます。

- 冊子辞書では不可能な引き方ができる

    電子辞書専用機は、単に紙の辞書を液晶画面とキーボードに置き換えたものではありません。ワイルドカード検索や例文検索など、冊子辞書では真似できない電子辞書ならではの引き方ができます。中学生や高校生向けのモデルにも様々な検索機能が搭載されていますが、ほとんどの人はこのような機能を知らずに、冊子辞書と全く同じような使い方しかしていないのはもったいない話です。本書では、2-6で電子辞書ならではの機能を紹介し、英語学習にどう活用すればよいか考えてみます。

- 「辞書引き」に特化しているので使いやすい

    ほとんどの電子辞書専用機は、蓋を開くだけで自動的に電源

が入り、検索画面になります。スマートフォンやパソコンで辞書が引けるようになっても、専門家の多くが電子辞書専用機を使い続けているのは、パスワードを入れたり、アプリを起動したりといった手間がなく、冊子辞書のように思い立ったときにすぐ引けるという機動性によるところが大きいのでしょう。

英語学習者にとっての電子辞書専用機

　一口に電子辞書専用機と言っても、小学生向けから専門家向けまで様々な機種が出ています。大学生や社会人が本格的に英語を学んだり、実務で英語を使う機会が多い人にとっては、「大学生モデル」「専門家モデル」といったタイプの機種を選べば間違いありません。本書でも、第3章、第4章の一部（3-2、3-3、4-4）と第5章は大学生（専門家）モデルを使うことが前提になっています。

　一方、趣味で英語を学んだり、日常的な英会話やペーパーバックを読んだりといったことを考えている人は、高校生向けの電子辞書が意外と役立ちます。高校生向けと言っても、学習英和、英英辞典を複数収録していますので、一般的な英文の読解には十分ですし、最近の機種ではラジオ英会話、基礎英語といった英語講座の音声や、リトル・チャロのような動画による英語学習教材も収録されていますので、電子辞書を英語学習教材として使うこともできます。

昔の電子辞書のほうが使いやすい？

　パソコンなどと違い、電子辞書は新しい機種ほど動作が速く、快適に使えるとは限りません。搭載辞書が少なかった昔の電子辞書では、引きたい辞書のキーを押すだけですぐに検索できましたが、最近の機種ではメニューをたどっていって辞書を選ぶ必要があるなど、とくに辞書を引き慣れた人にとっては必ずしも使い勝手がいいとは言えません。

　最近は、スマートデバイスで辞書を引く人が増えたためか、中古の電子辞書がオークション等に数多く出品されていますので、今使っている電子辞書が使いにくいと思う人は、少し前の中古品を使ってみてはいかがでしょう。

1-3

辞書アプリ

質問です3
スマートフォン用の辞書アプリは、無料で使えるものも、何千円もする有料のものもあります。どこが違うのでしょうか？

辞書アプリは、スマートデバイスやパソコンにダウンロード、

インストールして使う辞書です。パソコン用のアプリは、以前はDVD（CD）-ROMを購入して各自でインストールするのが普通でしたが、最近ではスマートデバイス用アプリのように、オンラインインストアで購入、ダウンロードするタイプのものも増えてきました。

　アプリの中には無料のものもありますが、数千円する有料アプリは、電子辞書専用機のように冊子辞書をそっくり収録し、いったんインストールすれば、ネットに接続しなくても使えるものがほとんどですので、英語学習には有料のものをおすすめします。有料といっても、ほとんどのアプリは冊子辞書よりは安いものが多く、英和辞典と和英辞典がセットになっているアプリの中には、冊子辞書の英和辞典1冊分の値段で和英辞典も一緒に使うことができるものもあります。

辞書アプリの歴史

　辞書アプリの歴史は、パソコンの進化の歴史とも言えます。辞書は容量が大きいので、フロッピーディスクやカセットテープを利用していた初期のパソコンでは使えませんでしたが、1990年代後半になり、CD-ROMドライブがパソコンに標準搭載されるようになると、冊子辞書の中身をそっくり収録することが可能となり、当時の電子辞書専用機には搭載できないような大容量の辞書を中心に、CD-ROM辞書ソフトが多く発売されました。

　2000年代になると、パソコンやスマートフォンでネットに常時接続することが普通になり、コストが安く手軽に使えるウェブ辞書が普及してきていますが、移動中の車内や建物内など、ネットにつながらない場所でも使える辞書アプリも根強い人気があります。

辞書アプリの特徴

・冊子辞書に似たレイアウトで見やすい

　電子辞書専用機は、辞書の中身こそ冊子辞書と同等ですが、ハードウェアの制約で、原稿用紙に文字を並べたような表示になり、冊子辞書のように重要な語のフォントを大きくしたり、文字の色を変えて目立たせるといったことはできませんでした。一方、辞書アプリは、高速なスマートデバイスやパソコン上で動くこともあり、重要語を色刷りで表示したり、用例は別の色で表示するなど、冊子辞書の見やすさに近づける工夫がされています。

・音声や図版が充実している

　音声や図版はデータ容量を食うこともあり、電子辞書専用機では必要最低限に抑えられていました。辞書アプリでは、すべての見出し語にアメリカ英語、イギリス英語の両方で発音を収録し、用例にまで音声が収録されているものも珍しくありません。

・操作が直感的で簡単

　とくにスマートデバイスの辞書アプリは、ほぼすべての操作が画面のタッチでできます。文字を拡大するときも、キー操作が必要な電子辞書専用機と異なり、ピンチアウト（指2本で画面を拡大する）で簡単に必要な部分を拡大できるのも、辞書アプリならではでしょう。キーボードを使うのは検索語を入力するときぐらいなので、電子機器の操作が苦手な人も簡単に使えます。

- **画面が大きい**

    電子辞書専用機は、小さな液晶画面になるべく多くの情報を表示させようとしているので、用例や成句はキーを押して別画面で見ないといけなかったり、文字を小さくするとギザギザになって見にくかったりすることが多いのですが、iPadなどの大きめのタブレットの辞書アプリなら、余裕のある画面で辞書を引くことができます。iOS9以上に対応した辞書アプリの中には、下のように大画面を活かし、2冊の辞書を並べて検索することができるものもあります。

左：ウィズダム英和辞典｜物書堂版、右：ランダムハウス英和大辞典｜同

- **辞書1冊単位で購入できる**

    電子辞書専用機はコンテンツ数を売り物にしたものが多く、200冊近いコンテンツを収録しているものもありますが、辞書アプリは辞書1冊単位で購入できるので、必要な辞書だけを選んで買うことができます。一方、別の辞書にジャンプし

たりといった辞書同士の連携には制約が多く、複数の辞書を引きくらべるような使い方には向きません。

1-4

ウェブ辞書

　パソコンやスマートデバイスでインターネットに接続して検索するタイプの電子辞書で、辞書のデータは、ネット上のサーバーに記録されています。電子辞書を持っていないという人でも、Yahoo! 辞書や Weblio などの辞書検索サイトを利用したことがある人は多いのではないでしょうか。

　最近では、紙の辞書を購入した人を対象に、同内容のウェブ辞書版を無料で使えるライセンスを与える辞書も出てきました。日本の出版社では、現時点では『ウィズダム英和［和英］辞典』などの購入者を対象としたデュアルディクショナリー（三省堂）のみですが、海外の英英辞典の多くは、冊子版の辞書に付属するアクセスコードを使えばウェブ辞書版も追加料金なしで利用することができます。無料のウェブ辞書と違い、冊子辞書と同等の見やすいレイアウトで、例文検索などの冊子辞書にない機能も搭載しています。

デュアル・ディクショナリー｜三省堂

ウェブ辞書の歴史

　ウェブ辞書は、インターネットの普及とともに進化を続けてきました。初期のウェブ辞書では、冊子辞書のデータをそのまま使ったものは会員制の有料サービスになっているものが多く、月単位、年単位で高額な利用料金を払う必要がありましたが、最近では、広告が表示されるかわりに無料で使えるものが主流になっています。

　近年では、ウェブ辞書ならではの新しい形態の辞書として、ウィキペディアのような、不特定多数の人がデータを提供し、随時更新されるオープンコンテンツの辞書が注目を集めています。何重ものチェック体制が整っている冊子辞書と、臨機応変に加筆修正のできるウェブ辞書のそれぞれの良さを理解し、使い分けるスキルが求められていると言えます。

ウェブ辞書の特徴

・データが常に更新される

　データを自分の端末にダウンロードする辞書アプリと違い、新語の追加や誤植の訂正などは随時行われていますので、いつも最新の辞書を検索することができます。

・誰でも、どこででも使える

　インターネットカフェや学校、会社の共用パソコンなど、アプリのインストールが禁止されている環境でも、ネットにつながるパソコンやスマートフォンさえあれば、どこででも利用できます。ダウンロードやインストールといった作業をする必要がないので、パソコン、スマートフォンに不慣れな人でも、ブラウザーでウェブサイトを閲覧することさえできれば、誰でも使いこなせます。逆に、ネットに接続できない環境で使うことはできませんし、使用中は常にネットにアクセスするため、スマートデバイスで使うとバッテリーの消耗が速くなるという欠点があります。

・無料で使える辞書が多い

　Yahoo!辞書のような、検索サイトにある辞書サービスだけでなく、海外の英英辞典の多くはインターネット上で無料検索することができます。ネットにアクセスさえできればどこでも無料で辞書が引けるというのは魅力的ですが、有料の辞書アプリと違い、冊子辞書の内容が丸ごと収録されていないものも多く、訳語を羅列しただけで用例がほとんど収録されていないものもあります。

　一方、辞書出版社や検索サイトが提供している無料のウェブ

辞書サービスは、大きな広告が表示されますが、冊子辞書と同等の内容を収録したものがほとんどです。無料のウェブ辞書を使う場合は、以下のリストに挙げているような、冊子辞書の内容をそのまま収録したものを使うことをおすすめします。

無料で使えるウェブ辞書サイトの例（2017 年 7 月現在）

  Cambridge Dictionaries On-line:
   http://dictionary.cambridge.org/dictionary/learner-english
  Collins COBUILD Dictionary:
   http://www.collinsdictionary.com/dictionary/english
  Longman Dictionary of Contemporary English:
   http://www.ldoceonline.com/
  Macmillan Dictionary:
   http://www.macmillandictionary.com/
  Merriam-Webster Learner's Dictionary:
   http://www.learnersdictionary.com/
  Oxford Learner's Dictionaries:
   http://www.oxfordlearnersdictionaries.com/
  Weblio 辞書:
   http://www.weblio.jp/
  Yahoo! 辞書:
   http://dic.yahoo.co.jp/

・**ウェブ辞書専用の辞書がある**
 電子辞書専用機や辞書アプリに収録されている辞書のほと

んどは、冊子版が先に発売され、その内容をそっくり電子化したものです。しかし、ウェブ辞書の中には、元になる冊子辞書自体が存在せず、一から作られたものもあります。ウェブ辞書では最大規模の英和辞典である英辞郎 on the Web (http://www.alc.co.jp) や、数百万項目を収録した百科事典のウィキペディア（http://www.wikipedia.org）がその例ですが、冊子辞書というページ数や内容の制約に縛られることなく、オープンに作られた辞書なので、今までの辞書に載っていないような単語や事項が多く収録されています。紙の英和辞典は、現時点でもっとも大きな『ランダムハウス英和大辞典』（第 2 版）でも収録語数は約 345,000 語ですが、英辞郎は年々規模が大きくなり、今では 200 万語以上を収録しています。

　一方、このようなオープンコンテンツの辞書は、固定した編集者や執筆者がいるわけではないので、冊子辞書のように何重ものチェック体制をとることができず、情報の信頼性に難があります。冊子版を母体としないウェブ辞書を、翻訳やビジネス文書の執筆といった重要な作業で使う際には、必ず別の辞書で再確認をする習慣をつけたいものです。

1-5

どのタイプの辞書がいいのか？

　冊子辞書、電子辞書専用機、辞書アプリ、ウェブ辞書と、様々な種類の辞書を紹介してきましたが、では実際に英語を学ぶ皆さん

はどういう辞書を使えばいいのでしょうか。これについてはいろいろな見解があるでしょうが、私としては、冊子辞書か電子辞書専用機のいずれかをメイン辞書として日常的に使い、必要であればそれ以外のタイプの辞書をサブ辞書とすることをおすすめします。

　冊子辞書と電子辞書専用機のどちらをメインにするかは好みの問題もありますので、皆さんが使いやすいと思うほうを選べばいいでしょう。どちらにも共通するのは、インターネット接続環境がなくても使えるので気が散らず、辞書を引く操作が迅速にできるということです。辞書アプリやウェブ辞書は、その使い勝手や内容を考えると、現時点では英語学習者がメインで使うにはおすすめできません。

辞書アプリの落とし穴

　辞書アプリは、インストールされているパソコンやスマートデバイスのOSに依存しています。そのため、OSがバージョンアップした際に、アプリが新しいOSに対応していないと動かなくなったり、動作が遅くなったりします。とくにスマートデバイスのOSは数ヶ月単位でバージョンアップすることもあるので、買ったばかりのアプリであってもOSがバージョンアップされた途端に使えなくなったりもします。

　いったん買ったら、本体が壊れるまで使い続けられる電子辞書専用機と違い、高額な辞書アプリを購入しても、新しいOSに対応しなければ無駄になってしまうこともありますので注意が必要です。

辞書はこうやって使う

日常的な英語学習で使う：
「まとめ読み」で効率アップ

　昔から、英語学習の「王道」として「英語を読んだり、聴いたりするときに辞書を使ってはいけない。分からない単語は前後から意味を推測しなさい」とよく言われます。たしかに、知らない単語に出会うたびに立ち止まって辞書を引いていては時間がかかってしまい、英語を読むことが嫌になってしまうでしょう。一方で、知らない単語を無視していては、語彙を増やすせっかくのチャンスを逃してしまいますし、「推測」が「憶測」になってしまっては、いつまでたっても英文を正しく理解することができません。

　電子辞書が普及した今では、素早く引ける電子辞書の特性をフルに活かし、今まではタブーとされてきた、ペーパーバックを読んだりしている最中にでもどんどん辞書を引くようにしてみてはいかがでしょう。ここで大事なのは、「検索操作だけして、辞書の記述は見ない」ということです。電子辞書には、履歴（ヒストリー）機能（→41ページ）があり、検索した単語は自動的に記憶されますので、英語を読んだり聞いたりしている最中は辞書の記述は見ないでどんどんヒストリーに記憶させておき、一区切りついたときに呼び出して確認するという、辞書の「まとめ読み」をおすすめします。

　電子辞書は、英語を読むときだけでなく、映画館などで洋画を観るときにも使えます。字幕を見ないようにするかわりに、意味の分からない単語はその都度検索してヒストリーに入れておき、

見終わってから、場面を思い出しながら記憶された語をたどってみるのです。スペリングに自信のない語は、音から推測して検索し、後でスペルチェック機能を使って正しい語を探してみましょう。知らない単語を推測して済ませるのと違い、1本映画を観るたびに語彙力がついていくことが実感できるのではないでしょうか。

　もっとも、スマートフォンや最近の電子辞書専用機のほとんどはバックライトのついた液晶画面なので、レンタルしたDVDを自宅で観るときはともかく、映画館では周囲の迷惑になります。こんな時に便利なのは、モノクロ液晶を搭載した古い電子辞書専用機です。モノクロ液晶の電子辞書では、バックライトなしの機種がほとんどなので、映画館のように暗い場所で使っても迷惑になりません。画面が見えないのにどうやって検索するのだと思うかもしれませんが、なるべく前の席に座ればスクリーンの反射光で画面も見えますので、キーボードの配列に慣れていれば意外と正しく入力できます。

　昔の電子辞書は、今よりも出荷台数が多かったためか、ネットオークションでは何年も前の機種でも状態のよいものがたくさん出品されていて、選ぶのに困るほどです。新品同様の機種でも数千円で購入できるのはごく普通ですし、使い古した機種なら、数百円で手に入ることも珍しくありません。

2-2

資格試験の勉強で使う：
「素早く解いて、じっくり復習」

　言うまでもなく、英検やTOEIC、TOEFLなどの資格試験の最中に辞書を引くことはできません。そのため、過去問を使って試験勉強をする際は、本番同様に時間を計り、辞書を使わずに問題を解き、その後で時間をかけて辞書を引きながら復習するようにすればいいでしょう。「素早く解いて、じっくり復習」するということです。

　問題を解いて、答え合わせをするだけでは力はつきません。正解、不正解に関係なく、解いた後ですべての問題を辞書を使って再確認するのがポイントです。次のような順でやってみましょう。

Step 1　間違えた問題を、辞書を使ってもう一度解いて正解できるようにする。

　　資格試験に限りませんが、英語の試験は、数学や国語などと違い、辞書を使えばすべての問題に正解することができるはずです。点数が悪かった人も、辞書を引いて満点をとることを目標にしてみましょう。

Step 2　間違えた問題は、なぜ間違えたのか、正解だった問題は、なぜ他の選択肢が間違いなのかを理解する。

　　正解、不正解に関係なく、問題文や選択肢で使われている単語の中で出てきた知らない単語はすべて辞書で引き、意味を調べるようにします。とくに長文問題は、1語1句ゆ

るがせにしないように精読し、細かな内容まできちんと理解できるようにします。

　皆さんの中でよくあるのが、知らなかった単語をすべて覚えてしまおうという人です。資格試験の場合、出題される単語のレベルはほぼ一定ですので、辞書の頻度表示を参考に、資格試験のレベルと照らし合わせて自分が覚えるべきレベルの単語かどうかをまず判断してみましょう。重要度の高い単語は、電子辞書の単語帳機能や紙の暗記カードを利用して、必ず「記録に残す」ことがポイントです。一方、重要度の低い単語は頻繁に出てくる語ではありませんので、忘れてしまってもかまいません。覚える努力だけでなく、忘れる勇気も必要です。

Step 3　リスニング問題は、音からスペリングを推測してみる。

　資格試験の中には、英検のようにリスニング問題のスクリプトを公開しているものもあります。聞き取れなかった問題はスクリプトに頼ってしまいがちですが、まず文字は見ないで、音声を何回も聞き直し、綴りを推測するようにします。多くの電子辞書に搭載されているワイルドカード検索機能は、曖昧な綴りでも正しいスペルの候補を出してくれるので便利です。

　次に、電子辞書の発音機能などで「お手本」を聴いて、自分で口に出して発音してみましょう。まず音声をきいた後で繰り返して言ってみる（リピーティング）ことから始め、モデルのすぐ後について発音（シャドウイング）し、最終的にはお手本なしで正しく発音できることが目標です。最近の電子辞書専用機の中には、自動的に繰り返して発音

したり、発音するスピードを変えられるものもありますので、英語母語話者がそばにいなくても納得がいくまで生の英語に触れることができます。

リスニングは耳だけ使うものと思われがちですが、「正しく発音できる単語は、正しく聞き取ることもできる」ということを忘れないようにしましょう。

2-3

単語力をつけるために使う：
辞書どうしで行ったり来たりする「寄り道学習」を

人一倍英語学習に時間をかけているのに伸び悩んでいる人にきいてみると、語彙の学習に独立した時間を割いていない人が多いようです。英語学習書などでも「単語だけを覚えてもコミュニケーションはできない、たくさんの英語を聴いたり、読んだりしていれば自然に語彙力はつく」とよく説かれていますが、本当にそうなのでしょうか。

語学に限りませんが、技能を身につけるための練習は、「マクロ的内容とミクロ的なものをバランスよく両立させる」ことが必要です。楽器の練習においては、毎日の音階練習や鏡の前で口の形を意識して吹く練習に加え、曲を実際に演奏することも大切です。英語も同じで、単語をいくら覚えても、リーディングやリスニングの際にその単語が実際にどのように使われているかを理解しなければ意味がありません。逆に、どれだけ実際の英語にふれても、意識的に単語を増やそうという努力をしなければ、ある

程度のところで伸びが止まってしまいます。

　では、どのように語彙を増やせばいいのでしょうか？　たとえば、英検準1級の語彙四択問題でよく出る語の1つに、decay（腐る）があります。たいていの人は、英和辞典でdecayを引き、「腐る」という意味だということを知ればそれで満足してしまいますが、それではいつまでたっても単語量は増えません。少し時間はかかりますが、英和辞典で意味を調べたついでに、電子辞書のジャンプ機能を使って次のようにして和英辞典や英英辞典にも寄り道してみましょう。

Step 1　英和辞典の例文検索で、decayをキーワードにして検索します。decayが使われている用例が辞書全体から検索されますので、日本語訳でそれぞれの用例の意味をチェックして、音読してみます。

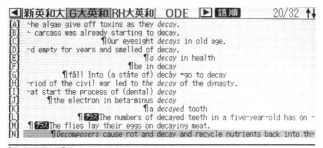

ジーニアス英和大辞典｜decayで例文検索

Step 2　同様に、英英辞典の例文検索もやってみましょう。英和辞典と違い、用例に日本語訳がついていませんので、意味は

自分で考える必要があります（用例の中の単語で知らない単語が出てきたら、その単語から英和辞典にジャンプして意味を確認します）。*Step 1* と同様に、出てきた用例の意味を考え、声に出して読んでみましょう。

```
◀ W英和 | O英和 | OALD | LDOCE ▶ 語順        6/17
[A]       ¶Pop music was condemned as decadent and crude.
[B]  ~Her body was already starting to decay.
[C]  ~al finds are broken, damaged, or decayed.
[D]                        ¶decaying organic matter
[E]  ~c buildings are being allowed to decay.
[F]                ¶Britain's decaying inner cities
[G]  ~ope, mass religion seems to have decayed less.
[H]       ¶old cars in various stages of decay
[I]                            ¶tooth decay
[J]              ¶poverty and urban decay
[K]  ~ring the war, the area fell into decay.
[L]                            ¶moral decay
[M]       ¶The flies lay their eggs on decaying meat.
[N]                ¶They feed on decaying plant material.

[de·cay¹]
¶Britain's decaying inner cities
```

LDOCE⁶ | decay で例文検索

Step 3 今度は、英英辞典にジャンプしてみます。すでに *Step 1* と 2 で decay を使ったたくさんの用例に接しているので、英英辞典の定義がよく分かることに驚くのではないでしょうか。いきなり decay を英英辞典で検索したら、こんなふうにはいきません。

de·cay *verb* 🔊
/dɪˈkeɪ/
VERB FORMS ▶

1 [I, T] **decay (something)** to be destroyed gradually by natural processes; to destroy something in this way
   SYNONYM **rot**
▶ *decaying leaves/teeth/food*

2 [I] if a building or an area **decays**, its condition slowly becomes worse
▶ *decaying areas of the inner city*

3 [I] to become less powerful and lose influence over people, society, etc.
▶ *decaying standards of morality*

OALD⁹ | decay

2 辞書はこうやって使う

Step 4 英和辞典でdecayを検索した画面に戻り、「腐る」という訳語から、今度は和英辞典にジャンプしてみます。そうすると、go bad, rot, spoil…のようにdecayと似た意味の単語が出てきますので、それぞれの単語を英英辞典にジャンプして、ニュアンスの違いを調べてみましょう。自信のある人は、英英辞典ではなく、例文検索でそれぞれの語が使われている用例を検索し、用例を比較しながら類義語どうしでの使い方の違いを見つけ出してみましょう。

＊くさる 腐る

❶【腐敗する】
go＊ bad; rot (-tt-); decay; spoil＊.

> 使い分け **go bad**「食物が悪くなる」の意の最も口語的な表現.
> **rot** 特に野菜や肉に細菌やかびがついて腐ること.
> **decay** 一般に物質が徐々に変質して腐ること. rotより堅く専門的な語.
> **spoil**「食物の質が損なわれる」の意の日常語.

• 腐りやすい食品
  périshable foods / perishables. (📝 ＊foods easy to go bad は不可)

• 腐りかけた肉
  rotting meat.

▶ 肉が腐ってしまった
  The meat *has gone bad* [*has rotted, has spoiled*].

▶ そのリンゴは腐りかけている
  The apple *is rotting* [*decaying*]. / The apple *is starting to go rotten*.

ウィズダム和英辞典 第2版｜「腐る」

いかがでしょうか。decayを調べたついでに、類義語もいくつか知り、語彙が増えただけでなく、例文検索を使って単語が文章の中でどのように使われているかが理解できたのではないでしょうか。

たくさんの単語の意味を調べるのがつまらない、苦痛だというイメージが根強い単語学習ですが、「意味調べ」ははじめの一歩に過ぎません。電子辞書で複数の辞書を飛び回り、用例を声に出

して発音してみることで、実際に英語を読んだり、話したりするときにも役に立つ力をつけることができます。

　皆さんの中には、試験対策用の単語集を使って単語を覚える人が多いかもしれませんが、単語集は「覚えるべき単語は何か」を示したメニューに過ぎません。「メニュー」にある単語を日本語訳と結びつけて機械的に「暗記」するのは一見効率的ですが、しばらくしたら簡単に忘れてしまうでしょう。しかし、今見てきたように、単語集に出ている単語を、電子辞書で英和・和英・英英辞典の間を行ったり来たりして時間をかけて「学習」することで、試験が終わってからも頭に残り、リスニングやスピーキング、ライティングにも応用できる総合的な語彙力を身につけることができます。

2-4

実務で英語を必要とする人が使う：
辞書で「英語のにおい」をかぐ

　英語母語話者と打ち合わせをしたり、業務連絡をメールでやりとりしたりする際には辞書など使っていられないと思うかもしれません。以前、英語母語話者の先生と日常的な打ち合わせをしていたとき、「この件はペンディングにしましょう」という意味で

"We should leave this issue be pending for a while." のように言ったら、"OK, let's put it on hold."（そうだね。そのままにしておこう）と言われたことがあります。表現は違ってもお互いの意思疎通には問題なかったのですが、こういう場面で pending を使ってよいものか、気になりました。

辞書を引こう1

pending を英和辞典で引いてみましょう。

辞書には、語句の意味だけでなく、その語が持つ「におい」も示されています。専門的には「スピーチレベル表記」と言われるもので、たとえば、『ウィズダム英和辞典』では、次のように改まったニュアンスの語には《かたく》というラベルがついています。

> **pend·ing**＊ /péndɪŋ/ 形 (比較なし)《かたく》 **1**〖be ～〗〈問題などが〉未決定[解決]の, 懸案の, ペンディングの ▶The case is still *pending*. その訴訟は未解決だ.

ウィズダム英和辞典 第3版：pending

《かたく》(《正式》《形式》など、辞書によって表記が異なります)というラベルのついた語は、フォーマルな場面(学術論文、公文書、改まったスピーチや公的な会議など)で用いられる「よそ行きの単語」です。日本語なら「本件はしばらく留保しておきましょう」というようなニュアンスなので、気心の知れた同僚とコーヒーを飲みながら話し合うという場面では場違いと言えます。

では、We should leave this issue up in the air. という表現はどうでしょうか。

辞書を引こう2

up in the air を英和辞典で引いてみましょう。

冊子辞書なら、air を引けば成句として出ています。電子辞書は、成句検索機能(→50ページ)で up & air をキーワードに入れれ

実務で英語を必要とする人が使う

ば素早く検索できます。

> ***(be) ùp in the áir*** （**1**）《話》〈問題・計画・事態などが〉未決定[未解決]で, 棚上げになって. （**2**）空中に[で].
>
> ウィズダム英和辞典 第3版 | up in the air

《話》（辞書によっては、《略式》、《くだけて》など）というラベルからも分かるように、話しことばで用いられるくだけた言い方であることが分かります。

実務で英語を使う場合は、相手や場面によって適切な表現を選ぶことが求められます。とくに周囲から「あの人は英語ができる」と思われている人こそ、資格試験のスコア、級や発音といった表面的な尺度に現れない「英語のにおいを感じ取り、TPO に応じた表現にダイヤルを合わせる技能」が求められます。

「英語を話すのは自信があり、自分の英語がちゃんと通じる」と思っている人こそ、スピーチや商談と言った重要な場面では、あらかじめ辞書を引いて原稿や契約書で使われている表現のスピーチレベル表記を確認し、「通じる」というレベルを超えた、誤解を招かないようなやりとりを心がける必要があるのではないでしょうか。

スピーチレベル表記は千差万別

単語の「におい」は主観的なもので、時代とともに大きく変化していきますので、スピーチレベル表記は辞書によってかなり違います。最新の辞書を使うのは言うまでもありませんが、必要に応じて複数の英和辞典や英英辞典の表記を比較してみることをおすすめします。

2-5

通勤、通学時に使う：
隙間時間に単語の整理を

　一昔前の通勤電車では、本を読んだり、単語カードをめくりながら語学学習に励む人をよく見かけましたが、最近では、通勤電車に乗っている人がスマートフォンやタブレットでネットにアクセスしているのが当たり前になっています。

　英語を学んでいる皆さんは、このような隙間時間を前日に学んだ単語を整理する時間として有効に活用してはいかがでしょうか。電子辞書には直近に検索した単語が一定数記憶されており、「ヒストリー」「しおり」などのキーを使って表示させることができます。その中から、頻度表記などを参考にして覚えておきたい語をピックアップし、紙の単語カードに書き写したり、単語帳機能に記憶させておき、その日1日で学習する単語をはっきりさせるのです。

　毎日英語を学んでいるのになかなか上達しないという人は、学んだものを復習する機会を逃してしまっているのではないでしょうか。何となく過ごしてしまう隙間時間を使って、忘れかけていた単語をもう一度覚えれば、より長い時間記憶することができます。

2-6

電子辞書ならではの機能はこう使う

多くの人は、電子辞書を「小さくて速く引ける冊子辞書」ととらえています。たしかに、電子辞書なら、今までは持ち歩く気にもならなかったような厚くて重い冊子辞書をどこへでも持って行けるのですが、それだけのために何万円も払うのはもったいないことです。

電子辞書には、皆さんが気づいていないような機能が豊富に搭載されています。ここでは、多くの電子辞書に搭載されている電子辞書ならではの機能を、実際の英語学習でどのように活用できるのか、例とともに紹介します。

ワイルドカード検索

質問です 4
最近では性差別を避けるために -man で終わる単語は -person に置きかえることがよくあります。このような単語の例はどうやって調べればいいのでしょうか？

紙の辞書では絶対に真似できない機能の代表が、このワイルドカード検索です。「ワイルドカード」はトランプで「どのカードのかわりにもなる特別なカード」の意味で、電子辞書では、綴り字の一部分が分からないときに辞書を引くための機能のことです。入力するときに、分からない文字を「?」（1文字に相当）や「＊」（電子辞書専用機では「〜」、複数文字に相当）で置きかえて検索

します。

　たとえば、多くの日本人はl/rを区別して発音することが苦手ですが、その影響で、単語を覚えるときにも間違って覚えてしまう人が多くいます。私もよく間違える単語ですが、proliferationという語を調べたい場合に、lとrのどちらが正しいか分からないときは、「?」を使い、p?o?ife?ationのようにして検索すると、たちどころにproliferationであると分かります。

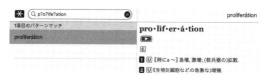

ウィズダム英和辞典 第3版｜p?o?ife?ation

　では、「バレリーナ」はどうでしょうか？「ba?e?ina」と入れても出てきません。先にもふれたように、「?」は1文字に相当しますので、lやrが重なっている場合はヒットしないのです。このようなときは、複数文字を表す「＊［〜］」を使って、ba*[〜]naと入れてみると簡単に分かります。

ランダムハウス英和大辞典 第2版｜ba*na

電子辞書ならではの機能はこう使う

語頭に「＊［〜］」を置くと、ある文字列で終わる単語を引くことができます。たとえば、*[〜] person と入れると、次のように「person で終わる単語」がリストアップされます。

ウィズダム英和辞典 第3版｜*person

　ワイルドカード検索を使いこなすと、冊子辞書で調べることが難しいことも簡単に調べられます。たとえば、以下のようなときに力を発揮します。

・クロスワードパズルを解くとき
　　分からない文字の部分に「?」を入れて検索します。日本語のクロスワードパズルでも、国語辞典でワイルドカード検索を使えば解くことができますが、古い電子辞書では英和辞典しかワイルドカード検索が使えないものも多いので注意が必要です。

・印刷が不鮮明な単語を調べるとき
　　コピーした英文などでかすれて見にくい部分を「＊［〜］」や「?」で置きかえてワイルドカード検索をすれば、簡単に調べることができます。

・特定の接尾辞を持つ単語を調べるとき

　「*［〜］」のあとに接尾辞を入れて検索すると、特定の接尾辞で終わる単語が調べられます。冊子辞書は「ある文字で始まる単語」しか引けませんが、ワイルドカード検索を使えば、「ある文字（列）で終わる単語」が簡単に引けます。

・同じ仲間の動植物名、地名などを調べたいとき

　ワイルドカード検索の裏技とも言える例です。たとえば、ヘビの種類を調べたいときは、*［〜］snake のようにして検索すると、様々なヘビが一覧できます。通常は、英和辞典のほうが和英辞典よりも収録語数が多いので、このやり方をマスターすると、和英辞典で出ていないような動物の名前などを英和辞典で簡単に調べることができます。

ランダムハウス英和大辞典 第 2 版｜*snake

電子辞書ならではの機能はこう使う

ワイルドカード検索は、20年以上前からずっと電子辞書専用機に搭載されている定番機能とも呼べるもので、使いこなせばいろいろなことが調べられます。私自身も、学生時代に特定の接尾辞で終わる単語を探す宿題が出たとき、ワイルドカード検索を使って楽をしたことがあります。しかし、実際には知られていない機能ナンバー1といってもいいぐらいで、何年も電子辞書専用機を使っている学生でも、こんなことができるとは知らなかった！と言います。

　なお、ワイルドカード検索は、電子辞書専用機ではほとんどの機種に搭載されていますが、それ以外のタイプの電子辞書ではあまり普及していません。とくにスマートデバイス用の辞書アプリを購入する際は、事前にワイルドカード検索が搭載されているか確認するようにしましょう。ワイルドカード検索を搭載した電子辞書専用機でも、古い機種では語頭に「?」が置けないものもありますので、中古品を購入する際は注意が必要です。

やってみよう1

ワイルドカード検索を使って、次のことを調べてみましょう。

1. 水族館で見た「ホオジロザメ」、英語では何と言うのでしょうか？　和英辞典を使わないで調べてください。

   ヒント：英和辞典でワイルドカード検索を使い、
「サメ」(shark) で終わる語を調べてみましょう。

2. 「昆虫学者」は英語で何と言うのでしょうか？　和英辞典を使わないで調べてください。

   ヒント：英語で「〜学者」は「-logist」です。

3. 英語のクロスワードを解いていて、どうしてもマス目が埋まらない単語がありました。「□□rk□ho□i□」の□に入る文字をワイルドカード検索で調べ、どのような単語が入るか考えてみましょう。

履歴・単語帳

> **質問です5**
> 辞書を引くだけでは単語は覚えられない。引いた単語を繰り返し復習することが大事だと言われますが、どのようにすればいいのでしょうか？

　電子辞書専用機や多くの辞書アプリでは、引いた単語は自動的に一定数記憶されます。履歴機能を使うと、最近検索した単語を引き直すときに、もう一度入力し直さなくても、履歴リストの中から選ぶだけで簡単に引けます。

　履歴機能は、辞書を引くたびに何もしなくても（勝手に）引いた単語が記録されますが、一定数（機種・アプリによりますが、数百語〜数千語）を超えると古い単語から自動的に消えていきます。

　ずっと残しておきたい場合には、単語帳機能（ブックマーク（bookmark）、お気に入り（favorite）などとも呼ばれています）を使うと便利です。単語帳機能では、登録操作をした語だけが記憶されるかわりに、消去しない限りは消えることはありません。メーカーやアプリによって機能は異なり、覚えた単語にチェックマークをつけて並び順を後のほうにするとか、重要な部分にマーカーをつけて一時的に隠したり、紙の単語カードのように、手書

きで書くことができるものなど、様々なものがあります。

　引いた単語すべてが一時的に記憶される履歴機能と、記憶させたい単語を選んで永久的に記憶させる単語帳機能は、それぞれの特徴を理解してうまく使い分ければ、電子辞書を英語学習ツールに変えることができます。たとえば、英会話スクールなどの授業が終わった帰りに、授業の予習をした時や授業中に引いた単語を履歴機能で呼び出しながら、覚えておきたい単語を選別し、単語帳機能に登録する習慣をつけてみてはいかがでしょうか。紙の単語カードと違い、カードが足りなくなったりすることはありませんし、せっかくカードに書こうと思ったのにペンが手元にない、ということもありません。高価な電子辞書を使うのですから、辞書を引くだけでなく、単語力をつけるために履歴や単語帳機能を使いこなしてみましょう。

　もっとも、せっかくたくさんの語を電子辞書の単語帳に覚えさせても、皆さんの頭の中に記憶できなければ何の意味もありません。時には、単語帳に記憶させた単語の綴りを紙に手書きで書いてみたり、音声機能で発音を聞きながら自分でリピートしてみましょう。電子辞書に頼りすぎないで、自分の手で綴りを書き、口で発音してみることが重要であることは、昔も今も変わりません。

辞書を引こう3

電子辞書を使っている人は、履歴機能を使って、最近引いた単語を呼び出してみてください。その中で、覚えておきたい単語を辞書の頻度表記などを参考に選び出し、単語帳機能に登録してみましょう。

単語帳は定期的な「お掃除」が必要

　最近の電子辞書は記憶容量が増えたため、単語帳機能に1000語近く記憶できる機種もあります。そのため、闇雲に登録していくと、後で復習するときに記憶された語が多すぎて手に負えなくなることもあります。目安として、100語前後登録したら全体を見直し、覚えてしまった語を消去するなどして、登録語数が増えすぎないようにしておくといいでしょう。

　スマートデバイスの辞書アプリの中には、単語だけでなく、検索や登録をした日時が記録されるものもあります。後で見直したときに、日付を手がかりにいつ出会った単語かを思い出すことができますし、勉強した日とさぼった日がはっきり分かりますので、学習習慣をつける上でも有効です。また、登録した単語をテキストファイルでダウンロードしたり、パソコンへ送ることができるアプリもありますので、表計算ソフトでオリジナルの単語ノートを作ることもできます。

例文検索（英語）

質問です6

いわゆる「ガラケー」を使っている人が、「携帯電話（cellphone）を開ける」と英語で言いたいとき、どういう表現を使えばいいでしょうか？

　英語に限りませんが、単語を覚えるときは、単語と意味を1対

1で結びつけるのではなく、その単語が実際に使われている文章の中で意味を考えながら学ぶことが大切です。そのため、とくに学習辞典では単語の意味だけでなく、多くの用例を載せ、実際の英語の中でどのように使われているかを知ることができます。「ある単語が使われている例」を知りたい時は、その単語を辞書で引き、用例を見るのが基本です。

辞書を引こう 4

英和辞典で cellphone を引き、用例を見てみましょう。

> *céll·phòne 图 《主に米》携帯電話(《英》mobile phone)
> ‖ a ~ holster （ベルトなどにつける）携帯電話ケース

オーレックス英和辞典 第2版｜cellphone

このように、『オーレックス英和辞典』（第2版）では a cellphone holster（携帯電話ケース）という用例しか出ていません。

調べようとしている、携帯電話を「開ける」はもちろん、（携帯を）「充電する」「電源を切る」「マナーモードに切り替える」といった、日常的によく使われる例が出ていないので、不思議に思ったのではないでしょうか。紙の辞書よりはるかに高いのだから、もっと多くの情報が出ていると期待して電子辞書を買った人は、がっかりするかもしれません。

このような用例は、本当に辞書に載っていないのでしょうか？たしかに、冊子辞書ではこれ以上の例文を探すのは不可能ですが、電子辞書なら、例文検索という機能を使うことで、cellphone という見出し語の中だけでなく、辞書全体から cellphone が使われている用例を探し出すことができます。

辞書を引こう5

『オーレックス英和辞典』の電子辞書版（電子辞書専用機、辞書アプリ）をお持ちの方は、例文検索機能でcellphoneをキーワードに入れて検索してみましょう。

---

communicate with each other by cellphone
互いに携帯電話で連絡を取り合う

Switch off your cellphone while driving.
運転中は携帯電話のスイッチを切りなさい

My cellphone dropped out of my pocket into the toilet bowl, of all places!
携帯電話がポケットからよりによって便器に落ちてしまった

I would buy a new cellphone except I don't have enough money.
新しい携帯電話を買いたいが十分なお金がない(◆主節が仮定法でも except が導く節は事実を表すので直説法となる)

flip one's cellphone open
ぱっと携帯電話を開ける

This cellphone also functions as a camera.
この携帯電話にはカメラ機能もある

The cellphone has a great impact on our daily life.
携帯電話は我々の日常生活に大きな影響を及ぼしている

Cellphones have dramatically increased in number. ＝The number of cellphones has [*have] dramatically increased.
携帯電話の数が激増している

Finnish cellphones have invaded the European market.
フィンランド製の携帯電話がヨーロッパ市場にどっと押し寄せている

オーレックス英和辞典｜cellphone で例文検索

　冊子版では1例しか出てきませんでしたが、例文検索を使えば、charge（充電する）や drive（運転する）、flip（さっと開ける）などの見出し語の中に出ている cellphone を使った用例も検索されますので、全部で40例近くがヒットします。

　このように、ある単語が使われている例文を辞書全体という巨大なデータベースからしらみつぶしに探し出すのが例文検索であり、皆さんがおなじみの Google などのサーチエンジンと同じ原理です。

電子辞書ならではの機能はこう使う

例文検索（日本語）

　今見た例は、「英単語」を入れることで、その単語が使われている用例を辞書全体から検索するものでしたが、一部の電子辞書専用機や辞書アプリでは、「日本語の単語」を入れて、その語句が日本語訳に含まれる用例を検索する（日本語例文検索）ことができるものもあります。

　たとえば、「夏休みはもうすぐです」と英語で言いたい場合に「もうすぐ」という部分を何と言うか知りたいとします。和英辞典で「もうすぐ」を引けばいい、と思う人が多いと思いますが、「もうすぐ」が見出し語に載っていない（「もう」の用例として収録）辞書もかなりあります。英和辞典に比べ、和英辞典は見出し語が少ないものが多く、英語を書く際に自分の言いたい内容にぴったりの用例を見つけ出すのは難しいのですが、日本語例文検索を使うと、英和・和英辞典全体から、用例の訳文に「もうすぐ」が含まれているものをすべて拾い上げてくれます。

　たとえば、upon という見出し語の中にある、Christmas is upon us.（もうすぐクリスマスだ）といった用例もヒットしますので、Summer vacation is upon us. のような言い方ができるということが分かります。

ウィズダム和英辞典 第2版｜「もうすぐ」で日本語例文検索

　「もうすぐ」を何と言うかを知りたいときに、英和辞典で upon を引けば出ているとは思いもしないでしょう。従来の冊子辞書や、それをもとにした電子辞書の見出し語検索では、せっかくぴったりな用例が載っているのに探し出すことができませんでしたが、

日本語例文検索機能を使うことで、まるで大海原の中に眠っている財宝を探し出すかのような「用例の宝探し」をすることができますので、英語を書くときはもちろん、読んだり、翻訳したりするときにも電子辞書が手放せなくなるでしょう。

　最近は、オンラインの無料翻訳サイトが普及したためか、英語母語話者はおろか、日本人教員が読んでも意味が理解できない「翻訳サイト英語」をそのまま英作文の課題などで書いてくる学生が増えています。そんな人にこそ、日本語例文検索機能を使いこなしてほしいと思います。自分が英語で言いたいことを日本語の単語で入れるだけで、同じような意味の英文がリストアップされるのですから、電子辞書を日英の翻訳ソフトのように使うことができます。日本語例文検索機能で出てくる英文は、翻訳サイトのような「機械」が訳したおかしな英文ではなく、すべて辞書の用例として生身の人間が書き、英語母語話者のチェックも受けているものばかりですので、英語を書くときは、翻訳サイトや和英辞典に頼らずに、日本語例文検索を使ってみましょう。

　日本語例文検索機能は、英語の例文検索に比べてあまり知られていませんが、ここ数年の辞書アプリや電子辞書専用機であれば、高校生、中学生向けの機種にも搭載されているものが多いので、「スマートフォンを買ったから、電子辞書専用機はもういらない！」と思っている人は、お手持ちの電子辞書をもう一度とりだしてみてください。

日本語と英語で「はさみうち」すれば
必要な用例を素早く探せる

　例文検索は大変便利な機能ですが、多義語や前置詞などの基本語では、何千、何万という例がヒットしてしまい、必要な用例を見つけることが難しくなってしまうのが難点です。たとえば、sing [dance] to the music（音楽に合わせて歌う[踊る]）などの意味で使うtoは、受験英語でもよく出てきますが、この用法のtoが使われている用例を探したくても、toで例文検索すると何万件とヒットしてしまいます。「合わせて」で日本語例文検索をしても同じで、膨大な用例の中から必要なものを見つけ出すのが一苦労です。

　一部の辞書アプリでは、英単語と日本語の単語の両方を入れて絞り込むことができます。このようなアプリを使えば、「to　合わせて」のように、英語と日本語のキーワードで「はさみうち」することにより、次の写真のように、sway to the music, tap to the music といった、受験英文法の本にはあまり出ていない表現も含め、簡単に見つかります。

ウィズダム英和辞典 第3版

電子辞書ならではの機能はこう使う

成句検索

> **質問です7**
>
> アメリカ人の同僚が、"My salary is enough to keep the wolf from the door." と言いましたが、意味がよく分かりません。どうやって調べればいいのでしょうか？

　成句（一般には熟語、イディオムと呼ばれます）は、決まった言い回しで、それぞれの単語の意味の合計とは全く別の意味を持つものです。keep the wolf from the door も成句で、直訳すると「ドアに狼が近づかないようにする」となりますが、これでは何のことか分かりません。

> **辞書を引こう6**
>
> 冊子辞書で、keep the wolf from the door という成句の意味を調べてみましょう。

　冊子辞書で成句を引くときに戸惑うのは、どの単語を引けば出ているのかということです。冊子辞書では、スペースの関係で成句は1箇所にしか出ていませんので、この例では keep を引いても出ていないことが多く、「この辞書には載っていない」と早合点する人も多いのですが、たいていの辞書では wolf を引くと出ています。

wolf*

/wulf/ ▶ (🔈 -o- は /ʊ/)
［語源は俗説で「引き裂く獣」］

―― 名 (複 **wolves**/wulvz/)

1 ⓒ **オオカミ**；ⓤ **オオカミの毛皮**

▶a pack of *wolves*
オオカミの群れ.

2 ⓒ **残忍な人, 貪欲な人**.

3 ⓒ 〈くだけて〉**女たらし**.

4 ⓒ 〖楽〗**ウルフ音(wolf note)**《オルガンなどの不協和音, 弦楽器の耳障りな音》.

a wólf in shèep's clóthing
羊の皮をかぶったオオカミ, ネコかぶりの悪人《聖書・イソップ物語より》.

crỳ wólf
〈人が〉不要な助けを求める《イソップ物語より》

▶stop *crying wolf*
(信頼を失わないよう)うそで人を騒がすのをやめる.

kèep the wólf from the dóor
《くだけて》最低限の収入を得る, (なんとか)食べていく (🔈 家からオオカミ(「飢え」の象徴)を遠ざけておくという意味から).

ウィズダム英和辞典 第3版 | wolf

　このように、冊子辞書では、成句を引きたいときは、成句を構成する単語の中からどの単語に出ているかを推測して引くしかありません。電子辞書には、「成句検索」という機能が搭載されています。例文検索と似ている機能ですが、成句検索は、成句の一部分の単語を入れるだけで、その単語が使われている成句を辞書全体から検索することができるものです。そのため、wolf はもちろん、keep や door を入れても検索することができます（何千という候補が出てしまいますが、その気になれば from を入れて調べることもできます）。

　1 語だけではヒットする成句が多すぎる場合、keep & wolf のように、複数の語を並べれば、すべての語が含まれる成句のみを絞り込むので、より速く探すことができます。辞書アプリでは、「&」

の代わりにスペースを入れて検索します。

　成句は、長い英語の歴史の中で習慣的に使われ、本来の単語の意味からは想像もつかない意味になった言い回しですので、英語圏の文化や考え方の影響を強く受けます。成句検索を使うと、特定の単語が使われている成句を根こそぎ探すことができますので、ある事物に対する英語母語話者のイメージや考え方を垣間見ることもできます。

成句検索で出てこなければ例文検索で

　成句検索は、辞書全体の成句のみを対象として検索する機能ですが、例文検索は、辞書の用例のみを対象として検索します。用例と成句の区別は辞書によっても多少差があり、ある辞書では成句として出ているフレーズが、別の辞書では用例として扱われていることもよくあります。そのため、とくに複数の単語から成る言い回しを辞書で調べる場合、成句検索でヒットしなくても例文検索で同じ語句を入れてみると出ていることがよくあります。逆に、例文検索で出てこなければ成句検索を試してみるといいでしょう。

やってみよう2

電子辞書の成句検索を使い、次のそれぞれの成句のカッコ内に入る動物名を、成句の意味とともに調べてみましょう。成句検索で出てこない場合は、例文検索も試してみてください。

1. Tetsuo is very thin but he always eats like a (　　) .
2. Don't count your (　　) before they are hatched.
3. Makoto pulled a (　　) out of the hat to continue the chorus club.
4. Her coach treated her like a (　　) .
5. He is always like a (　　) with a sore head.

全文検索

質問です８

英語史の授業で、音声変化についてのレポートを英語で書く必要があります。library を［láibri］と発音する現象である、「語中音消失」という歴史言語学の専門用語を英語で何と言うか調べたいのですが、和英辞典を引いても出ていません。ネットで調べるしかないのでしょうか？

　電子辞書とはいえ、通常の検索では、冊子辞書と同じように見出し語から検索することになります。そのため、冊子辞書以上の情報量を引き出すことはできないのですが、スマートデバイス用辞書アプリの中には、ネット検索のように辞書の中身全体から指定した語を検索する「全文検索」を搭載した機種もあります。用例や成句のみを検索する例文検索、成句検索と違い、訳語や解説も含めた膨大な辞書の中身をしらみつぶしに検索するわけなので、通常の検索よりは多少時間がかかりますが、使いこなすとネット検索よりも必要な情報がすぐに引き出せるようになります。

　全文検索を使うと、今までの冊子辞書はもちろん、電子辞書専用機でも調べられなかったようなことが簡単に分かります。たと

えば、「質問です8」の「語中音消失」のように、和英辞典に出ていない日本語を英語で何と言うか知りたい時は、『リーダーズ英和辞典』のような収録語数の多い一般英和辞典を全文検索すればsyncopeということが分かります。

辞書を引こう7

全文検索に対応した英和辞典アプリをお持ちの方は、「語中音消失」を全文検索モードで引いてみましょう。

syn•co•pe /sínkəpi, sín-/
▶*n* 〔医〕失神, 卒倒 (faint);〔言〕**語中音消失**, 中略 (cf. APHAERESIS, APOCOPE);中略語;〔楽〕切分(法).
syn•co•pal /sínkəpəl, sín-/ *a*
[L＜Gk (*syn-*, *koptō* to strike, cut off)]

リーダーズ英和辞典 第3版（計測技研版）|「語中音消失」を全文検索

今のところは、全文検索に対応したアプリはそれほど多くありません。また、同じ辞書でも、アプリのメーカーによって全文検索を搭載しているかどうかは異なりますので注意が必要です。

やってみよう3

全文検索を使って次のことを調べてみましょう。

ヒント：複数のキーワードを入れて検索するときは、スペースで区切ります。

1. タンザニアにある国立公園は、ライオンやシマウマなどの野生動物の保護区域で、テレビでもよくとりあげられますが、どういう名前でしょうか？
2. 世界で最も高い山がエベレスト（Mount Everest）であ

るのは小学生でも知っていますが、アフリカ大陸の最高峰、オーストラリアの最高峰、北米の最高峰はそれぞれ何という山でしょうか？

専門分野の用語辞典として全文検索を使う

全文検索に対応した辞書アプリの中には、訳語だけでなく、分野などのラベルから引けるものもあります。これを使うと、特定の分野の専門用語だけを辞書の中から探し出すことができます。

たとえば、『リーダーズ英和辞典』の全文検索で「〔天〕」を全文検索すると、天文学の専門用語がずらりと並びます。同様に、「〔豪俗〕」で検索すると、オーストラリア英語のスラングを一覧することができます。専門分野の勉強をする際のちょっとした用語辞典のように使ったり、英語学、言語学を研究している人の言語資料として使うこともできます。

ab·er·ra·tion	**Acher·nar** /éikərnàːr/
ábsolute mágnitude	〔天〕アケルナル《エリダヌス座のα星；全天第9位の輝星》
ac·cre·tion	
accrétion dìsk	
Acher·nar	
Achil·les	
ac·o·lyte	
acron·i·cal, -y·c(h)al	
ac·tive	
áctive galáctic núcleus	
Adon·is	
Ad·ras·tea	

リーダーズ英和辞典 第3版（計測技研版）｜〔天〕を全文検索

電子辞書ならではの機能はこう使う

英和辞典を使いこなそう

3-1

英和辞典の種類

質問です9
電子辞書に入っている高校生向けの英和辞典が難しすぎてよく分からないと先生に言ったら、高校生用の辞書が使いこなせないなら中学生用の辞書を使いなさいと言われました。たしかに分かりやすいのですが、教科書に出てくる語でも載っていない単語がたくさんあります。高校の勉強で使えて、英語が苦手な人でも使いこなせる辞書はないのでしょうか？

　多くの日本人が英語の辞書を買うのは、高校に入学したときではないでしょうか。皆さんの手元にある電子辞書や冊子辞書も、高校で一括購入したり、推薦されたものだという人が多いかもしれません。高校3年間の英語の授業はもちろん、受験勉強や大学に入ってからも使えるようにという親心ならぬ「教師心」から、とくに進学校では高校1年生から『ジーニアス英和辞典』『ウィズダム英和辞典』『オーレックス英和辞典』といった、収録語数が多く、詳しい説明のある「上級学習英和辞典」を薦めることがよくあります。

　これらの辞書は、私もふだんの講義の教材研究で手放せないものですが、通常の高校生、大学生には情報量が多すぎるため使いこなせず、携帯電話などに内蔵されている単語集に毛の生えたような辞書や翻訳サイトに頼っている生徒、学生を多く見かけます。

ところで、パソコンを買うときに、店員から「メモリやハードディスクの容量は、多ければ多いほどいい」と言われた人も多いと思います。パソコンの場合、初心者であっても、メモリが多ければ快適に動きますし、ハードディスクの容量が大きければたくさんの情報を保存できるので、多すぎて困ることはありません。しかし、辞書は「大は小を兼ねない」ことに注意する必要があります。初心者の人が収録語数の多い辞書を買うと、重要な語が膨大な情報の中に埋もれてしまい、探すのに時間がかかってしまいます。

　最近は、電子辞書の普及により、レベル不相応の辞書を使っている（使わされている）高校生、大学生も珍しくありませんが、英語の辞書に関しては「この辞書はちょっと易しいかな？」と感じるぐらいのレベルの辞書で案外ちょうどよかったりするものです。1冊の辞書をずっと使い続ける必要はなく、高校3年の間でさえ、英語力が上がるにつれて辞書を買いかえることは自然なことですし、1冊の辞書が物足りなくなるぐらいの力がついたのであれば、辞書にとっても本望でしょう。次の「英和辞典選択チャート」を見ながら、自分の目的、英語力にぴったりの辞書を見つけてください。

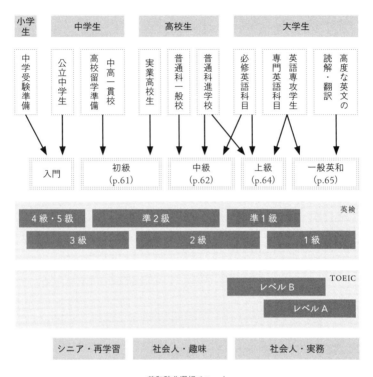

英和辞典選択チャート

　このチャートからも分かるように、学習英和辞典は入門レベル（中学生向け）から上級レベル（大学受験生〜社会人向け）まで4種類に分けられます。この中で、入門レベルの英和辞典は、高校以上の英語学習では語数が少なすぎて使えませんが、初級レベル以上の学習英和辞典であれば、学歴や英語学習年数に関係なく、自分の英語力に合わせたレベルのものを選ぶことで、一般社会人でも十分役に立ちます。電子辞書を使っている人は、ぜひ今使っている辞書より1つ下のレベルの冊子辞書を買ってみてください。今の辞書より収録語数が少ない辞書にお金を払うなんて、と思う

かもしれませんが、一度使ってみれば、こんなに見やすく、分かりやすい辞書があったのかと驚くことでしょう。

ここでは、高校生以上を対象にした冊子版の英和辞典をレベル別に紹介します。電子辞書にはない、冊子辞書ならではの良さを探してみましょう。

初級学習英和辞典

> 質問です10
> Copenhagen を「コペンハーゲン」と発音したら通じませんでした。発音記号が苦手なので、カタカナで単語の発音がわかる辞書はありますか？

初級学習英和辞典は、英語が苦手な普通科高校生や、実業高校など、英語の時間数の少ない高校で学んでいる生徒を対象としていますが、大学生以上の人でもう一度英語を一から学びたい人や、逆に、入門学習英和辞典に物足りなさを感じる中高一貫校の中学生などにも最適な辞書です。『エースクラウン英和辞典』『アルファフェイバリット英和辞典』『ベーシックジーニアス英和辞典』など、電子辞書が普及してから新規に刊行された辞書が多いのが特徴です。

初級学習英和辞典では、辞書に対する「わかりにくさ」「いかめしさ」をとりはらい、英語が苦手な高校生でも見やすく、理解しやすい記述になっています。収録語数や用例の数を抑えるかわりに、発音記号とカナ発音を両方載せたり、丁寧な解説をした語法説明など、スペースをとることをいとわずに、英語が苦手な高校生でも十分理解できる内容となっています。

> **Co‧pen‧ha‧gen** /kòupənhéigən/ コウペンヘイゲン/ 图 コペンハーゲン 《◆デンマークの首都》
>
> エースクラウン英和辞典 第2版｜Copenhagen

　また、目立たないところですが、行間に余裕を持たせて読みやすくしたり、変化形では、「～」などで省略をしないで、完全な形で載せたりというように、「紙の辞書は見にくい、難しい」というイメージを払拭し、辞書に親近感を持たせる工夫が様々なところで見られます。文法、語法の細かな点の注記は少ないため、「易しすぎる」「語数が少ないので入試の役に立たない」という先入観を持ってしまうかもしれませんが、実際には、高校3年間の授業はもちろん、大学入試センター試験をはじめとした一般的な入試のほとんどにも対応していますし、日常的な英語を書いたり話したりする場合に使うなら、大学生以上の人にも役立ちます。

中級学習英和辞典

> 質問です11
> 電子辞書に入っている英和辞典は、細かいことがたくさん書いてあって使いにくいです。大学の授業や資格試験対策にも使えるレベルで、もっと分かりやすい辞書はないでしょうか？

　中級学習英和辞典は、高校1年の授業から、難関大学を含めた大学入試、さらには、社会人が日常的に英語を読み書きする時にも対応する学習英和辞典の万能選手です。約50,000〜70,000語を収録し、初級学習英和辞典の見やすさや用例の多さと上級学習英和辞典の詳しさを両立しているので、専門的に英語を学んで

いる人や社会人でも、とくに英語を書いたりする際には手放せない辞書です。

電子辞書化されている辞書は少ないですが、冊子辞書の種類は非常に多く、各社が競い合って本文の見やすさ、引きやすさを追求するとともに、電子辞書が太刀打ちできないような付録、囲み記事といった付加的な情報を充実させています。そのため、中級学習英和辞典は、高校生だけではなく、「電子辞書を買ってはみたけれど、使いにくい」と感じている大学生や、趣味で英語を学ぶ一般社会人の方にも最適です。下の図は、『グランドセンチュリー英和辞典（第4版）』のものですが、入試に出る語を指摘したり、多義語の意味を覚えやすい形で要約したりと、親切な記述が特徴です。

大学受験生の中には、「上級学習英和辞典でないと難関大学の入試には歯が立たない」などと思っている人も多いようですが、実際には、最難関レベルの入試や TOEIC、TOEFL 等の資格試験でも、中級学習英和辞典1冊で十分対応できます。

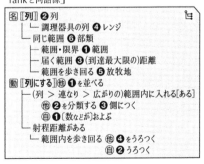

グランドセンチュリー英和辞典 第4版｜range

英和辞典の種類

上級学習英和辞典

『ジーニアス英和辞典』『ウィズダム英和辞典』『オーレックス英和辞典』など、多くの電子辞書に入っている英和辞典がこのタイプのものです。皆さんも1冊ぐらいは持っているのではないでしょうか。中級学習英和辞典より専門語や固有名詞を中心に収録語数を増やし、約80,000〜100,000語が収録されていますので、1冊あれば、大学受験生から英語の専門職まで、あらゆる用途に対応する学習英和辞典の最高峰です。

文法書、語法書顔負けの詳しい囲み記事や、訳語のニュアンスの違いもとらえた細かな注記などは、他のタイプの辞書の追随を許しません。統語論、意味論、語法研究といった、英語学の最新の知見が惜しみなく本文に反映されているため、私を含め、研究者が真っ先に手をのばす辞書でもあります。ただ、一般的な英語を読んだり書いたりする際には、情報量が多すぎて使いにくいと感じるかもしれません。

たとえば、『ウィズダム英和辞典』では、goの項目は、句動詞を含めると実に10ページにわたっており、日本国内はもちろん、全世界の二カ国語辞書の中でも有数の詳しさです。そのため、必要な情報を取捨選択して迅速に探し出すには、ある程度の慣れが必要になるでしょう。「語数が多く、文法・語法の解説が詳しい辞書でないと英語力がつかない」と考える人も少なくないようですが、必要な情報を見つけるのに時間がかかり、英語が嫌いになってしまっては元も子もありません。

辞書は買い換えるもの！

今まで、学習英和辞典の種類を紹介してきました。高校生以上向けの学習英和辞典は、いずれもセンター試験レベルの大学入試

に対応できるものですが、実際には易しいものから難しめのものまで様々な種類があることが体感できたと思います。

英語を専門にしている学生や、社会人で英語を使っている人の中には、「学習英和辞典は高校生のためのもの」という先入観を持っている人も多いようです。しかし、とくに英語を書いたり話したりする際には、上級学習英和辞典や一般英和辞典よりも平易な用例が多く、重要な文法事項などが丁寧に解説されている初級、中級の学習英和辞典が思った以上に役立ちます。

せっかく易しめの辞書が出ているのですから、「これは少し易しすぎるのでは」と思う辞書を2冊目の辞書として買い、使い込んでみてはいかがでしょうか。

3-2

学習英和辞典のその先へ

質問です 12
大学で英語を専門に学ぶようになると、固有名詞や古語など、今まで使っていた英和辞典に載っていない単語がたくさん出てきますが、予習の時はネットを使わずに辞書で調べなさいと言われます。どのような辞書を使えばいいのでしょうか？

今まで見てきた学習英和辞典は、初級、中級、上級とレベルの差はありますが、いずれも英語を読む時だけでなく、英語を書い

たり、資格試験や大学入試の勉強の際に英語を学ぶ際にも使うことができる、「辞書のコンビニ」とでも言えるものでした。英語に関するあらゆる情報が網羅されているので、学習英和辞典を使えばたいていの疑問は解決できますが、専門的な雑誌や論文を読むなど、英語を学ぶためというよりは、英語を使って情報を得ようとする場合、学習英和辞典には載っていない語句がたくさん出てきます。

そんな時には、『リーダーズ英和辞典』『ランダムハウス英和大辞典』『研究社新英和大辞典』といった、一般英和辞典を使ってみましょう。一般英和辞典の特徴は、英語を読むという受信目的に特化しているということです。たとえて言うなら、「辞書の専門店」であり、用例や文法的な解説といった、文意をつかむときにあまり必要としない情報は載せないかわりに、収録語数を大幅に増やし、上級学習英和辞典の約3倍の語句を収録しています。

一般英和辞典はこんな時に使える

一般英和辞典のみに収録されている語の大半は、専門用語や固有名詞、非常にくだけた成句などです。そのため、日常的な語に関しては学習英和辞典でも十分です。しかし、専門的な文献などを正確に解釈する必要がある場合は、一般英和辞典に頼ることも多くなるでしょう。冊子版の一般英和辞典は、ハードカバーの分厚い辞書が多く、高価ですが、最近の電子辞書には、『ジーニアス英和辞典』などの上級学習英和辞典と『リーダーズ英和辞典』のような一般英和辞典をペアで収録している機種が多いので、もしかしたら皆さんが使っている電子辞書にも、すでに一般英和辞典が入っているかもしれません。

・専門用語を調べるときに

辞書を引こう8

次の英文は、アメリカの高校生が使っている数学の教科書の一部です。学習英和辞典で、イタリックの語の意味を調べてみましょう。

An *asymptote* is a line that a graph approaches, but does not intersect.

asymptote は「漸近線」といい、反比例のグラフなどで、曲線が限りなく近づいていく一定の線のことを表す数学用語です。数学用語といっても、高校数学の教科書には必ず出てくる概念ですので、それほど専門的な語ではありませんが、上級学習英和辞典でさえ、ほとんどの辞書には載っていません。

こんなときは、一般英和辞典の出番です。『リーダーズ英和辞典』には、次のように出ています。

as・ymp・tote /ǽsəm(p)tòut/ *n* 〖数〗漸近線.

リーダーズ英和辞典 第3版｜asymptote

このように、一般英和辞典では訳語しか載っていない場合が多く、専門用語以外でも、学習辞典のような用例や文法の解説はほとんど出ていません。英語を理解するときに、とにかく日本語で何と言うか知りたい時は、収録語数が多いので「空振り」することが少なく、便利ですが、英語学習においてじっくり1つの単語の用法を知りたい時には不向きです。

学習英和辞典のその先へ

・語句の正確な意味を知りたいときに

　一般英和辞典は、専門用語だけでなく、一見簡単そうに見える語句の正確な意味を知りたい時にも使えます。

辞書を引こう 9

学習英和辞典で、イタリックの語の意味を調べてみましょう。

Atsuki became a skilled *general aviation* pilot in the U.S.

「アツキはアメリカで腕利きの一般航空パイロットになった」のように考えた人が多いのではないでしょうか。*general*、*aviation*のどちらもそれほど難しい語ではなく、初級学習英和辞典にも「一般の」「航空」などという訳語が載っていますが、「一般航空」とは何でしょうか？（軍用機でなく）民間機（旅客機）のパイロットのことでしょうか？　こんなときは、一般英和辞典の出番です。

géneral aviátion 一般民間航空: 定期航空を除き, 自家用・スポーツ・農薬散布飛行を含む航空全般.

ランダムハウス英和大辞典 第2版 | general aviation

「定期航空を除き」という説明からも、軍用機や、航空会社がスケジュールを決めて運行するフライトではなく、自家用機を操縦したり、宣伝や写真撮影、曲技飛行等、特定の目的で不定期に飛ばす航空機のパイロットであることが分かります。このように、1つ1つの単語の意味は分かっても、それを組み合わせた場合に間違った意味に解釈してしまうということはよくありますが、収録語数の多い一般英和辞典を使えば、より正確、厳密に英文を理

解することができます。

　ウェブ辞書が普及した今では、収録語数が多い「だけ」の英和辞典なら、無料のものがネット上にいくらでもありますが、一般英和辞典は、とくに専門用語では各分野の専門家に依頼して訳語の正確さをチェックするなど、その信頼性には定評があります。翻訳者やビジネスパーソンなど、誤訳が命取りになる職業の方々の多くが、ウェブ辞書に頼らずに高価な一般英和辞典を複数愛用しているのもそのためです。

・翻訳の際、ぴったりの訳語を見つけたいときに

質問です 13

英文を翻訳する授業で、scenic route を「景色のよい道」と訳したら、もっとこなれた日本語にしなさいと言われました。私の使っている英和辞典には出ていませんが、もっと日本語訳がたくさん出ている英和辞典はありますか？

　一般英和辞典は、単に収録語数が多いだけではありません。訳語が非常に豊富で、学習英和辞典には出ていないような日本語らしい表現も出ています。

辞書を引こう 10

学習英和辞典でイタリックの語を引いてみて、カッコ内にあてはまる日本語を入れてみましょう。

Shinonoi Line is one of the most *scenic route* I know in Japan.

「篠ノ井線は、私が知る中でもっとも（　　　）路線の一つです」

　学習英和辞典では「景色のよい」のような訳語が出ていますが、もう少し「大人の日本語」で表現することはできないでしょうか？こんな時は、一般英和辞典で引いてみるといいでしょう。『リーダーズ英和辞典』では次のように出ています。

> **sce·nic** /síːnɪk, sɛ́n-/ *a* **1** 景色の, 風景の; 景色のよい, 風光明媚な: a ~ artist 風景画家 / ~ beauty 景勝 / a ~ spot 景勝の地, 景観地 / a ~ zone 風致地区.
>
> リーダーズ英和辞典 第3版｜scenic

「風光明媚な」という日本語は、日本人でもなかなか思い浮かばないのではないでしょうか。「英語だけでなく、日本語もたくさん知っている辞書」…これが一般英和辞典です。

一般英和辞典と学習英和辞典は全く別のもの

　今見た例からも明らかですが、一般英和辞典と学習英和辞典の収録語数の差は歴然としています。そのため、皆さんの中には、「一般英和辞典は学習英和辞典の上級バージョンである」と思っている人もいるのではないでしょうか。それどころか、英語教員の中にも、「英語を専門に学んでいる学生は、学習英和辞典をいつまでも使っていないで、大辞典レベルの辞書を使うようにしなさい」などとアドバイスする人もいます。これは、バスの運転手に対して、「あなたは大型免許を持っているのだから、家族でドライブに行くときもバスを運転して行きなさい」と言うのと同じことであり、TPOに合わせて道具を使い分ける必要があります。

　むしろ、英語を専門に学んでいる人ほど、英語を書いたり資格

試験を受けたりする機会は多いでしょうから、日常的な英語学習や資格試験の勉強などの際には学習英和辞典をしっかり使いこなし、専門の論文を読むときには一般英和辞典を引くなど、一般英和辞典と学習英和辞典を行ったり来たりする機会が多くなるでしょう。逆に、社会人の方が、仕事で英字新聞や膨大な業務文書を手早く読む際には、収録語数が多く、訳語が豊富で英文読解に特化した一般英和辞典を日常的に使ったほうがはるかに効率的です。

3-3

一般英和辞典の語源欄を読みこなそう

質問です 14
大学受験の勉強では、build と erect、turn と revolve のように、類義語をたくさん覚えないといけないのでとても苦痛でした。なぜ英語にはこんなにたくさんの類義語があるのでしょうか？

　一般英和（英英）辞典は、学習英和辞典より収録語数が多いだけではありません。ほとんどの一般英和（英英）辞典には、「単語の履歴書」である語源情報が収録されています。多くの学習辞典には語源欄がありませんので、読み方が分からなかったり、単語の由来を知ったところで、英語を使う上で何のメリットがあるのか、と考える人も多いかもしれません。語源欄を理解するには、

初歩的な英語史や歴史言語学の知識が必要ということもあってか、英語母語話者でさえ、辞書の情報の中でもっとも読まれていないものの1つであるともいわれています。ここでは、一般英和・英英辞典ならではの語源欄の読み方を、練習問題を通して体験してみましょう。

　人それぞれに人生があるのと同じく、単語にも「語生」があります。人間の比ではないほど長寿の単語もあれば、生まれて間もない単語もあります。生まれた頃は否定的なニュアンスを持っていた語が、時代とともにプラスの意味を持つこともあれば、誰からも愛されていた花形の単語が、だんだん悪い意味に変わっていったりもします。

　私たちがふだん使っている英語の辞書は、たとえて言うなら膨大な英単語を整列させて写した集合写真のようなものですから、今を生きる単語の姿がくっきりと写し出されています。しかし、人間社会と同じで、「集合写真」を見るだけでは単語の本当の姿は分かりません。好きになった人の小中学校の文集やアルバムを見せてもらうことで、今まで以上にその人を理解できるようになるのと同じで、英単語も、「履歴書」を見ることができれば、その単語のことがもっとよく分かるようになります。「単語の履歴書」として、実用的な語源の知識を得ることが目的であれば、語源欄の読み方を理解するのはそれほど敷居の高いものではありません。ここでは、皆さんが英単語により興味を持ち、英語を学んだり、実際に英語を使うときに役立てられるような語源記述の読み方を、高校世界史で勉強した内容をまじえながらお話しします。

　語源欄を読むときには、その単語がいつ頃に英語に入ってきたのか（初出年代）を具体的に示している辞書を使うことをおすすめします。『ランダムハウス英和大辞典』『研究社新英和大辞典』

『ジーニアス英和大辞典』などがその例です。初出年代を見れば、英語の歴史に関する知識が全くなくても、その語が生まれた時期や、他言語から英語に入ってきた年代がいつ頃かが一目で分かりますので、実際に辞書を引きながら練習してみましょう。

辞書を引こう11

『ランダムハウス英和大辞典』『研究社新英和大辞典』などで次の単語を引き、語源欄の初出年代が古い順に並べ替えてみましょう。

bicycle, bus, computer, rocket, skateboard, truck

「コンピュータ」「ロケット」「トラック」など、新しいように見える単語が、思ったより古くに英語に入っていたということに気づくのではないでしょうか。たとえば、computer の場合、1646年が初出になっています。もちろん、17世紀に電子計算機があるわけはありませんので、語義を見ると、当時は「計算する人」の意味で使われていたのだろう、と推測できます。rocket（1611年）も同様で、宇宙飛行をするためのロケットは20世紀の発明品ですが、「のろし」の意味では17世紀にまでさかのぼります。truck（1611年）や bus（1832年）が bicycle（1868年）や skateboard（1964年）よりも古くから英語に存在しているということも、意外に感じる人が多いかもしれません。

「いつ」英語に入ってきたか？

日本語の単語は、日本語生え抜きの「和語」（やまとことば）と、中国から入ってきた「漢語」、西洋から入ってきた「洋語」に分

けられます。英語も、時期は異なりますが、英語に入ってきた年代により、大きく3種類に分けられます。

◎古英語時代（5世紀〜12世紀）に英語にやってきた単語（ゲルマン系の単語）

5世紀半ばに起こったゲルマン民族の大移動により、北ドイツやデンマーク出身のアングル人、サクソン人、ジュート人がブリテン島（今の英国）に侵入したのが、約1500年にわたる英語の歴史の始まりです。father、girl、playのように、中学校の英語の授業で習うような基本的、日常的な単語の大半はこの時代に英語に入ってきた「ゲルマン系の単語」であり、ドイツ語やオランダ語と密接な関係があります。

辞書を引こう12

『ランダムハウス英和大辞典』『ジーニアス英和大辞典』などの一般英和辞典で「質問です14」に出てきたbuildとturnを引き、語源欄を見てみましょう。

語源
1150年以前. 中期英語 bilden, 古期英語 byldan (botl「住宅, 家」の異形 bold より)

ランダムハウス英和大辞典 第2版｜build

語源
1000年以前.(動詞)中期英語 turnen, 一つには古期英語 turnian, tyrnan を継続くラテン語 tornāre 旋盤で回す, 丸みをつける (tornus「旋盤」の派生語くギリシャ語 tórnos 円形のものを作る道具), また一つにはく古期フランス語 torner, t(o)urner くラテン語（上記のとおり）

ランダムハウス英和大辞典 第2版｜turn

ゲルマン系の単語は、語源欄では「古（期）英語」「OE (Old English)」のように記されています。初出年代が記載されている辞書では、おおよそ、12世紀（1100年）以前に英語に入った語であれば、ゲルマン系の単語であると考えられます。

◎中英語時代（12世紀〜15世紀）に英語にやってきた語（ラテン系の単語）

質問です15
マリンスポーツ（marine sports）は海に関係があるのに、なぜ sea sports と言わないのでしょうか？

1066年に、北フランスのノルマンディー公ウィリアムがイングランドを征服し、イギリス国王のウィリアム1世として即位した「ノルマン征服」は、高校世界史の授業でも学ぶ大きな出来事です。以降、約300年にわたり、イギリスでは英語を話せる国王がいなくなり、貴族階級ではフランス語、農民たちの間では英語というように使い分けられるようになります。その結果、すでに使われているゲルマン系の語に加えて、フランス語や、そのもとになったラテン語から英語に多くの単語が入ってきました。現代英語では、この時期に英語に入ってきた語彙が全体の半数近くを占めていると言われています。

辞書を引こう13

71ページの「質問です14」に出てきた erect と revolve を引き、語源欄を見てみましょう。

語源

c1390.中期英語＜ラテン語 ērēctus（ērigere「起こす, まっすぐに立てる」の過去分詞）

ランダムハウス英和大辞典 第2版 | erect

語源

c1385.中期英語 revolven＜ラテン語 revolvere 転がし返す＝re- RE-+volvere 転がす, 回す

ランダムハウス英和大辞典 第2版 | revolve

erect や revolve をはじめ、この時期に英語に入ってきた語は、語源欄を見ると中期英語、ME（Middle English）、F（フランス語）、L（ラテン語）のように書いてあります。初出年代の載っている辞書なら、13世紀から15世紀に英語に入ってきた単語がラテン系の語と考えてよいでしょう。

ゲルマン系の語が、同じ意味のラテン系の語に置き換わった場合もあれば、「質問です15」に出てきた sea と marine の例のように、名詞はゲルマン系、形容詞はラテン系と、両者が共存していることもあります。

辞書を引こう14

一般英和辞典で sea と marine を引き、語源欄を見てみましょう。

> **語源**
> 中期英語 *see*, 古期英語 *sǣ*; ドイツ語 *See*「海」と同語源→SOUL

ランダムハウス英和大辞典 第 2 版 | sea

> **語源**
> 1375年以前. 中期英語 *maryne* ＜中期フランス語 *marin*（女性形 *marine*）＜ラテン語 *marīnus* 海の

ランダムハウス英和大辞典 第 2 版 | marine

　ここからも、名詞であるseaはゲルマン系の語、形容詞のmarineはラテン系の語であることが分かります。

やってみよう 4

　次の形容詞は、いずれもラテン系の語です。それぞれの形容詞に対応する名詞がゲルマン系の語にありますが、何でしょうか。まずラテン系の語の意味を辞書で調べ、カッコ内に入る同じような意味の名詞を考えてください（いずれも、中学校レベルの語です）。次に、その名詞を辞書で調べ、語源欄を見てゲルマン系の語であることを確認しましょう。

（ラテン系：形容詞）　　　（ゲルマン系：名詞）
1. annual　　　　　　　（　　　　　　　）
2. aquatic　　　　　　　（　　　　　　　）
3. canine　　　　　　　（　　　　　　　）
4. feline　　　　　　　　（　　　　　　　）
5. lunar　　　　　　　　（　　　　　　　）

◎近代英語時代(16世紀以降)に英語にやってきた語(ラテン語、ギリシャ語からの流入)

質問です16

アメリカの大学院へ進学するにはGRE(Graduate Record Examination)という標準テストを受ける必要があるので、GRE向けの単語集を買いましたが、載っている単語のほとんどが見たこともない語でした。こんなに難しい単語を覚えないといけないのでしょうか?

16世紀になると、活版印刷の発明やヨーロッパ各地に広まったルネサンスの影響もあり、学術用語を中心にラテン語やギリシャ語から大量の語が直接英語に入ってきました。それまでは、ラテン語の後塵を拝していた英語が、抽象的で高度な内容も自在に表現できるようになり、大きく成長したのがこの時期です。

辞書を引こう15

short、brief、terseのそれぞれを辞書で引き、語源欄を見てみましょう。

語源

900年以前. 中期英語 *schort*(形容詞), 古期英語 *sceort*

ランダムハウス英和大辞典 第2版 | short

> **語源**
> c1275.中期英語 *bref*＜アングロフランス語, 古期フランス語＜ラテン語 *brevis* 短い; →BREVE

ランダムハウス英和大辞典 第2版 | brief

> **語源**
> ＜ラテン語 *tersus*(*tergēre*「こすり取る, ふき取る, きれいにする, 磨く」の過去分詞)

ランダムハウス英和大辞典 第2版 | terse

　short はゲルマン系の語（「短い」）、brief はノルマン侵攻以降にラテン語からフランス語を経由して入ってきたラテン系の語（「簡潔な」）terse はラテン語から直接英語に入ってきた語（「約(つづま)やかな」）だということが分かります。

　3語とも意味は似ていますが、単語のレベルはかなり違います。short は中学校で必ず覚えるレベルの語、brief は英検準2級からセンター試験で必要とされる語ですので、どちらも高校生以上であれば日本人にもなじみのある語です。一方、terse は英検で言うなら1級レベルの語ですので、英語を専門にしている日本人でもあまり知らない語と言えます。

　この例からも分かるように、英単語は、古英語時代から存在する「Tシャツを着た単語」、中英語時代にフランス語やラテン語から入ってきた「スーツを着た単語」、近代英語時代にラテン語やギリシャ語から入った「燕尾服を着た単語」の3種類に大別されます。人間と同じで、初めて英語に引っ越してきたばかりの頃はよそよそしく、他人行儀であっても、だんだん打ち解けてリラックスしていきます。そのため、古英語時代の単語は、親しみやすいイメージがありますが、中英語時代に入ってきた語は改まった感じとなり、近代英語以降に入ってきた単語は、他人行儀

でインテリっぽいニュアンスになります。私たちが英語を使うときには、TPOを考えてそれぞれの場面にあった単語を選ぶ必要があります。GREでは、英語母語話者でも手強い語が多く出題されますが、学術的・専門的な文章でよく見られる、改まった語の知識が問われていると言えるでしょう。

　似たような意味を持つ語でも、ゲルマン系の語、ラテン系の語、近代英語以降に英語に入ってきた語といった様々な世代の語が共存しているため、私たちが今日目にする英語は、英語学習者泣かせである一方で、より的確な表現をすることができる言語であると言えます。

語源欄で分かる単語の素顔

　辞書には、《かたく》、《くだけて》などのように、その単語が改まった単語か、くだけた単語かを示すラベルがついていますが、今お話ししたように、語源欄を見るだけでも、その単語の素顔がある程度は分かります。くだけた会話や友達同士のメールならゲルマン系の単語を使い、改まった文章の場合は、ラテン語やギリシャ語から直接英語に入った堅い単語を必要に応じて使うなど、「単語の履歴書」である語源欄を、実際に英語を使うときにも活用してみてはいかがでしょうか。

やってみよう5

次のそれぞれの語は同じような意味ですが、英語に入っ

てきた時期は違います。辞書の語源欄を見ながら、「古英語時代の語」「中英語時代に英語に入ってきた語」「16世紀以降に英語に入ってきた語」の3種類に分類してみましょう。

1. apex, summit, top
2. age, epoch, time
3. ascend, rise, zoom
4. quiescent, quiet, still
5. few, scarce, sparse
6. bleak, hibernal, wintry

古英語時代の語（ゲルマン系の語）
(   )

中英語時代に英語に入ってきた語（ラテン系の語）
(   )

16世紀以降に英語に入ってきた語
(   )

英単語の「ふるさと」をさぐる

　これまで、ゲルマン民族の大移動やノルマン征服、ルネサンスといった歴史の節目ごとに、フランス語やラテン語などから多くの単語が英語に入ってきた様子を見てきました。英語が急速に力をつけてきた理由の1つに、他の言語から多くの単語を積極的に

取り入れてきたことがあります。とくに、大航海時代以降、世界中の言語から新しい単語が「転校」してきますが、今では「転校生」だということに気づかれないほど英語になじんでしまっているので、どこの国から来たのかを想像することは困難です。

辞書の語源欄を見れば、フランス語やラテン語以外から入ってきた単語でも、元の言語と入ってきた年代が分かります。

辞書を引こう16

pianoを一般英和辞典で引き、語源欄を見てみましょう。
何語から英語に入ってきたのでしょうか。

pi・an・o¹
**/piǽnoʊ/, ((英+)) piάː-, pjǽn-, pjάː n-/〔初19c；イタリア語 pianoforte(強弱)の短縮語. piano (弱音).強弱の変化音を出せる楽器から. cf. pianoforte〕

ジーニアス英和大辞典 | piano

この記述から、pianoは19世紀にイタリア語から入ってきたことや、pianoforteの短縮語であることが分かります。それまで、チェンバロをはじめ、音の強弱を変えることが難しい鍵盤楽器が主流だったときに、叩く強さで強い音から弱い音まで自在に弾き分けられるピアノは画期的な楽器だったことがうかがえます。

なお、辞書の中には、由来となった言語名が略称で書かれていることもあります。略称の意味が分からない場合は、辞書の最初に載っている略語表を見てみましょう。電子辞書では、「ガイド」「付録」のような機能で略語表を呼び出すことができます。

やってみよう6

次のそれぞれの単語は、何語から英語に入ってきたのでしょうか。一般英和辞典の語源欄で調べてみましょう。

bungalow	(　　　　　　　)
cider	(　　　　　　　)
cookie	(　　　　　　　)
dolphin	(　　　　　　　)
gecko	(　　　　　　　)
geyser	(　　　　　　　)
karate	(　　　　　　　)
ketchup	(　　　　　　　)
mammoth	(　　　　　　　)
ombudsman	(　　　　　　　)
pistol	(　　　　　　　)
robot	(　　　　　　　)
samba	(　　　　　　　)
Santa Claus	(　　　　　　　)
sauna	(　　　　　　　)
sherbet	(　　　　　　　)
ski	(　　　　　　　)
sofa	(　　　　　　　)
taboo	(　　　　　　　)
typhoon	(　　　　　　　)
yoga	(　　　　　　　)
yogurt	(　　　　　　　)

一般英和辞典の語源欄を読みこなそう

全文検索で「出身国」の同じ単語を探す

スマートデバイスの辞書アプリの中には、全文検索に対応したものがあります。このようなアプリでは、全文検索で言語名を入れると、その言語に由来する単語をすべて拾ってくれます。たとえば、アプリの1つであるMWCDで全文検索を選び、jpを入れると、日本語から英語に借用された単語のリストが見られます。

MWCD[11] | "jp"で全文検索して日本語由来の単語を検索

英英辞典を使いこなそう

4-1

こんな時に英英辞典を

質問です 17
「英和辞典は入門用の辞書。英語を専門にする大学生は、英英辞典を使いなさい」と英語の先生に言われました。英英辞典なんて使ったこともないのに、どうやって使えばいいのですか？

　英和辞典は「2カ国語辞典（bilingual dictionary）」と呼ばれ、「英単語の日本語訳を記した辞書」です。一方、「1カ国語辞典（monolingual dictionary）」である英英辞典は、いわゆる「英語圏での国語辞典」であり、ある英単語について「英語で説明した辞書」です。
　たとえば、This reading glass uses two *convex lenses.* という英文で、イタリックの *convex lens* はどういう意味でしょうか。まずは、英英辞典で調べてみましょう。

辞書を引こう 17

convex を英英辞典で引き、意味を考えてみましょう。

外国人向けの学習英英辞典には、次のように出ています。

curved outwards, like the surface of the eye（*LDOCE*[6]）

英英辞典では、convexという語を説明した「定義」が英語で記載されています。平易な語彙で「目の表面のように、外側に曲がっている」のように定義されていても、これだけで中央部が厚い凸レンズを思い浮かべるのは困難です。

　一方、英和辞典では次のように「凸レンズ」という日本語の「訳語」が出ています。

> **con·vex** /kɑ́(ː)nvéks|kɔ̀n-, ́ ́/ 強勢移動 形 凸状[面]の（↔ concave） ▶a *convex* lens [glass] 凸レンズ/a *convex* mirror 凸面鏡.
>
> ウィズダム英和辞典 第3版 | convex

　凸レンズが何かということをすでに知っている私たちにとっては、英語の「定義」よりも日本語の「訳語」のほうが分かりやすいですし、誤解することもありません。

　このように、意味の分からない単語をいきなり英英辞典で引くと、たとえ外国人向けにやさしい単語で定義されている辞書でも意味をつかむのが難しいことがよくありますが、英和辞典なら簡単に分かります。英和辞典が入門用の辞書であるということは決してなく、プロの翻訳者や通訳でも、英和辞典は手離せません。とくに、英語と日本語が1対1で対応する語の場合、わざわざ回り道して英英辞典を引くよりは、英和辞典を使ったほうが的確に理解できます。

　慣れるまでは、「英英辞典はすでに意味を知っている語を引くために使い、意味を知らない単語は英和辞典で引く」ということが鉄則です。

英和辞典でピンとこないときに引いてみる

> 質問です 18
> 知らない単語は英和辞典、知っている単語は英英辞典で引きなさい、とのことですが、意味を知っている単語を引いてどうするのですか？

　先にもふれたように、英単語の「日本語訳」を示した英和辞典と異なり、英英辞典は、英単語の「語義」を英語で示しています。そのため、英和辞典ではつかむことのできない細かなニュアンスや、多義語などで「なぜこんな意味があるんだろう」と腑に落ちなかったことが、英英辞典を使うと非常によく分かることがあります。

> 辞書を引こう 18
>
> beautiful を英英辞典で引いてみましょう。日本語の「美しい」「きれいな」とどこが違うでしょうか？

　beautiful という単語は中学生でも知っていますが、「美しい」と機械的に覚えている人が多いと思います。英英辞典を引いてみると、

　　extremely attractive to look at（LDOCE[6]）
　　having beauty; pleasing to the senses or *to the mind*（OALD[9]）

とあります。イタリックの部分からも、beautiful は「周囲と

は一線を画するような、飛びぬけた美しさ」を表すこと、「外見に加え、精神的にも喜びを与えるような美しさ」であることなどが分かります。最近の英和辞典は、単語に含まれるニュアンスも括弧書きなどで訳語に反映させているものが多いのですが、それでもこのような微妙なニュアンスまで得ることはできません。

辞書を引こう19

interesting を英和辞典で引いてみましょう。「面白い、興味深い」と「変わった、特異な」という、一見無関係な意味が並んでいます。なぜでしょうか？

英和辞典では、「興味を引き起こす、興味深い、関心を引き起こす、面白い；変った、特異な」などと出ています（『ジーニアス英和大辞典』から抜粋）。interesting に「面白い」「興味深い」という意味があることはだれでも知っているでしょうが、「変わった、特異な」という意味を持つことはあまり知られていません。それにしても、「興味深い」と「変わった」という、一見全く違うように見える意味が、なぜ英語では同じ単語で表されるのでしょうか。こんな疑問も、英英辞典で interesting を引けば解決します。

attracting your attention because it is special, exciting or unusual (*OALD*[9])

ここからも、interesting の原義は、「特別で、ちょっと変わっているから、（もっと知りたいなどとわくわくして）注意を引く」というイメージであることが分かります。言いかえれば、知的好

奇心、探究心に基づいた「面白さ」であり、amusing のような、「人を笑わせたり、喜ばせたりする面白さ」とは（日本語ではどちらも「面白い」と表現しますが）全く性質の違うものです。

このように、英英辞典を使うことで、引いた単語の奥深くにある「におい」をかぐことが可能になり、視覚（つづり字）、聴覚（発音）に加え、「嗅覚」も使った単語学習ができます。

やってみよう 7

日本語の「車」と英語の car はどのように違うのでしょうか？ car を英英辞典で引いて考えてみましょう。

英語を書くときに使ってみよう（和英辞典の代わりに使う）

質問です 19
英作文をするとき、和英辞典はなるべく使わないように、と言われました。英語で何と言うか知りたいときに、和英辞典を使わない方法はありますか？

ある日本語を英語で何と言うか分からない場合、和英辞典に頼る人が多いと思いますが、ちょっと工夫すれば英英辞典を和英辞典のように使うこともできます。

例として、「これは最新の 5 枚羽根の扇風機です」という意味の英文になるように、カッコ内に「5 枚羽根の」にあたる語句を入れてみましょう。

This is a brand-new fan (　　).

扇風機の「羽根」を英語で何と言うか分からない場合、和英辞典で「はね」を引く人が多いと思いますが、英英辞典で調べることもできます。この場合、「羽根」が必ず含まれるもの（もちろん、「扇風機」です）を考え、それにあたる語を引いてみるのです（「扇風機」を英語で何と言うか分からなければ、和英辞典で調べましょう）。

辞書を引こう20

「扇風機」（fan）を英英辞典で調べてみましょう。

a machine with *blades that go round* to create a current of air: （$OALD^9$）
a machine with *turning blades* that is used to cool the air in a room by moving it around: （$LDOCE^6$）

　blades that go round...、turning blades... という表現から、回転する羽根のことは blade と言うことが分かります。
　このように、英英辞典を和英辞典の代わりに使う場合は、「英語で何と言うかを知りたい単語（羽根）そのものを引くのでなく、そのものが必ず含まれている周辺の単語（扇風機）を引く」ということがポイントです。
　「和英辞典のほうが簡単に引けるのに…」と思うかもしれませんが、英英辞典で引くと、引いた単語以外の表現も目に入ってくるので、知らないうちに英語の表現力が身につくというメリットがあります。上の「辞書を引こう20」の場合、和英辞典で羽根＝ blade だと分かったら、"This is a brand-new fan which has five

こんな時に英英辞典を

blades." のように、関係代名詞で表現する人が多いかもしれませんが、英英辞典の定義を参考に "This is a brand-new fan with five blades." としたほうが、より自然な英語になります。

「しつこく引く」ことで自信がつく

「羽根」がついているものは、扇風機だけではありません。たとえば、プロペラにも羽根はついていますので、fan のかわりに propeller を引いても blade が見つかります。1つの語を引いて見つかっても安心しないで、他にも羽根がついているものは何かないだろうかと考え、しつこく辞書を引けば、同じ表現が出てくるので自信がつくことでしょう。複数の英英辞典を引き比べることで、ちょっとしたネイティブ・チェックのかわりにもなります。

自分の言いたい日本語を和英辞典で引けば、すぐに英語が出てくるといった辞書の使い方を、「新幹線型辞書引き」と呼ぶのなら、どの単語を引けば載っているだろうと考え、試行錯誤しながら英英辞典を使って自分の言いたい英語にたどりつくやり方は「鈍行列車型辞書引き」と言えます。後者は時間がかかるように見えますが、より自然な表現を見つけ出すことができます。

やってみよう8

次のそれぞれの日本文の下線部の語は英語でどう表現しますか。「羽根」の例のように、下線部の語が含まれている語は何かを考え、学習英英辞典を使って考えてみましょう。

1.「強風のためその航空機はセントレアに<u>着陸</u>できなかった」
Because of the strong wind, the airplane could not (　) at Centrair.

　　　　　　　　　ヒント：飛行機が着陸する場所はどこでしょうか？

2.「ピーナッツを食べるといつも全身に<u>じんましん</u>が出ます」
(　) always appear on the whole body after I eat peanuts.

　　　　　　　　　ヒント：じんましんがおもな症状の病気は何でしょうか？

3.「私たちは<u>法を守らないと</u>いけない」
We should (　　).

　　　　　ヒント：法を守っているかどうか監視する組織は何でしょうか？

4.「この薬を飲めば痛みは<u>軽くなりますよ</u>」
If you take this medicine, you'll (　) the pain.

　　　　　　ヒント：痛みを軽くするもの、人、場所などを考えてみましょう。

5.「この会議は<u>3年おきに</u>開かれます」

This conference is held (　).

> ヒント：3年おきに開かれるイベントが思いつかなくても、
> 4年おきに開かれるイベントなら分かりますよね。

4-2

英語学習者向け英英辞典と一般英英辞典

質問です20
英英辞典を買おうと思って留学帰りの先輩に相談したら、この辞書は、アメリカの大学生がよく使っているよ、と言われ、分厚い英英辞典をもらいました。でも、私には書いてある内容がさっぱり分かりません。英英辞典ってこんなに難しいのですか？

　日本で売っている国語辞典は、こども向け、大人向けという違いはあっても、ほとんどが日本語母語話者を対象にしています。そのためか、MWCD、WNWDといった、英語圏の「国語辞典」である英語母語話者向けの辞書（一般向け英英辞典）と、OALD、LDOCE、COBUILDなどの、英語を学んでいる成人学習者を対象とした辞書（学習英英辞典）の区別がピンとこない人も多いようです。

　最近では、ほとんどの電子辞書に学習英英辞典が搭載されるようになりましたが、同じ英英辞典でも、学習英英辞典と一般英英辞典では中身が全く違います。次の例で見てみましょう。

辞書を引こう 21

camel（ラクダ）を学習英英辞典と一般英英辞典で引いてみましょう。使われている単語や構文はどう違いますか？ どちらが分かりやすいでしょうか？

学習英英辞典

a large desert animal with a long neck and either one or two HUMPs (=large raised parts) on its back （$LDOCE^6$）

A camel is a large animal that lives in deserts and is used for carrying goods and people.（$COBUILD^8$）

一般英英辞典

either of two species of large, domesticated ruminants (genus Camelus) with a humped back, long neck, and large, cushioned feet: capable of storing water in its bodily tissue, the camel is the common beast of burden in Asian and African deserts （$WNWD^5$）

a large, long-necked ungulate mammal of arid country, with long slender legs, broad cushioned feet, and either one or two humps on the back （ODE^3）

　一般英英辞典では、domesticated（飼い慣らされた）、ungulate（有蹄類の）、arid（乾燥した）、ruminant（反芻動物）、beast of burden（荷役動物）など、高校生はもちろん、英語を専門に学

英語学習者向け英英辞典と一般英英辞典

んでいる日本人大学生でも聞いたことがないような語が、定義の中にたくさん出てきます。WNWDは、アメリカの大学新入生向けの「カレッジ版辞書」のベストセラーですが、多くの日本人には歯が立たないでしょう。

　一方、学習英英辞典は、同じ動物かと思うぐらいやさしく定義されています。定義で使われているほとんどの単語は高校生でも知っていますし、hump（こぶ）のように、難しめの単語が使われる場合は、大文字にしてやさしい単語での言い換えをするなど、知っている単語が限られる英語学習者に配慮した分かりやすい内容になっています。中でも、COBUILDは「Camelはね、砂漠に住んでいる大きな動物で…」というように、文形式で、英語母語話者の教員が学習者に単語の意味を説明するような調子で定義されているので、まるで英語の個人指導を受けているかのような感覚で辞書を引くことができます。

　この例を見ても分かりますが、日本で英語を学んだ皆さんは、背伸びをしないでまずは学習英英辞典を十分に使いこなすことをおすすめします。英和辞典しか使ったことのない人にとっては、慣れるまでは学習英英辞典でも難しいと感じるかもしれませんが、そのうちに定義がよくわかるようになり、いつの間にか英語を英語で理解できていることに驚くことでしょう。

　次に、様々な学習英英辞典の特色をお話ししますので、自分に合った英英辞典を選んで、使ってみてください。

4-3

英語学習者向け英英辞典の特徴と種類

質問です 21

学習英英辞典は、OALD、LDOCE、COBUILD など、様々な種類のものがありますが、それぞれの辞書はどのように違うのですか?

　私が大学に入ったばかりの頃は、国内で容易に入手できる学習英英辞典は OALD と LDOCE の 2 種類しかありませんでした。まだ電子辞書がなかった時代で、英英辞典を持ち歩いている人は、英語を専門に学んでいる人でもあまりいなかったためか、英英辞典を使いこなすことにちょっとしたあこがれと優越感を感じたのを覚えています。その後、COBUILD、CALD、MEDAL など、様々な学習英英辞典が刊行され、OALD、LDOCE とともに、業界ではビッグ 5 と呼ばれています。

　学習英英辞典の選択肢が増え、電子辞書にも複数の学習英英辞典が搭載されるようになったことで、英英辞典を使うことへの「あこがれ」「優越感」が薄まったのは寂しい気がしますが、一方で、高校生でも電子辞書を使っている人のほとんどが英英辞典にアクセスできるようになり、日本人にとっては英和辞典と同様に身近な辞書になりました。

　しかし、学習英英辞典ならではの特徴やそれぞれの辞書の違いをはっきり説明できる人は、まだまだ少ないようです。ここでは、学習英英辞典が持つ様々な特徴を紹介しながら、例を通して各々

の辞書の独自性も感じていただければと思います。

定義に使う単語のレベルを限定する（制限定義語彙）

英英辞典は難しい！　と挫折してしまう原因で一番多いのが、意味を調べたい単語を引いたら、定義で使われている単語の中に知らない語があり、今度はその語を引き直してみたら、また分からない単語が出てきて堂々巡りになってしまい、せっかく引いても理解できないということだと思います。

初めてそれを解決した学習英英辞典が LDOCE で、定義で使う単語を基本的な約 2000 語に限定し、この 2000 語ですべての語を定義するようにしました。これを制限定義語彙（controlled defining vocabulary）と言います。今では、OALD をはじめ、ほとんどの学習英英辞典が制限定義語彙を選定し、そのリストを巻末に掲載している辞書も増えています。

制限定義語彙の規模は辞書によって違い、OALD は約 3000 語、LDOCE は約 2000 語で定義されています。制限定義語彙が少ないほど、より易しい単語を使って定義されるので理解しやすいのですが、一方で、焦点がぼやけてしまい、何を指しているのか分かりにくいこともあります。

辞書を引こう 22

OALD と LDOCE で echo を引いてみましょう。

the reflecting of sound off a wall or inside a confined space so that a noise appears to be repeated; a sound that is reflected back in this way（OALD[9]） a sound that you hear again after a loud noise, because it was made near something such as a wall（*LDOCE*[6]）

　OALD は、reflect（反響する）、confined（狭い）といった語が制限定義語彙の中に含まれているため、「こだま」が壁や狭い空間で音が反響し、繰り返し聞こえる現象である、というように物理学的にも正確に説明できています。一方、制限定義語彙の数が少ない *LDOCE* では、「大きな音の後に聞こえる音で、壁のようなものの近くで作られる」としか述べられていないため、*OALD* よりも舌足らずな定義になっています。

　この例からも分かるように、学習英英辞典と言っても、辞書によって定義は千差万別です。制限定義語彙の少ない *LDOCE* も、多い *OALD* も、引いた単語によって定義のわかりやすさは一長一短ありますので、電子辞書で学習英英辞典を使っている人は、別の学習英英辞典を冊子で購入するなどして、「セカンドオピニオン」を求めるときに引き比べてみてはいかがでしょう。

求める語義に素早くたどりつける（小見出し）
　英英辞典はすべて英語で書かれているので、英和辞典のように必要な語義を斜め読みして見つけるのは大変です。そのため、最近の学習英英辞典では、自分が求める語義がどこにあるかを示すために、多義語には、語義の冒頭に色刷りで語義の内容を数語で要約した小見出し（*LDOCE* では signpost、*OALD* では shortcut など、辞書によって呼び名は様々です）をつけて、目立つようにしています。

辞書を引こう 23

次の英文のイタリックの range はどういう意味でしょうか? 小見出しなし（$LDOCE^2$）と小見出し付き（$LDOCE^6$）の 2 種類の英英辞典の抜粋を見て、該当する語義を探してみましょう。どちらの辞書が探しやすいでしょうか?

The snow-capped *range* of the Japan Alps is so magnificent.

range¹ /reɪndʒ/ *n* **1** [S (of)] the (measurable) limits within which variable amounts or qualities are included: *a country with a wide range of temperature* | *Several cars are available within this price range.* | *I'm afraid that high note is beyond my range.* | *a wide range of different options* **2** [S (of)] the limits within which something operates, exists, or is effective; SCOPE: *matters which lie outside the range of this inquiry* | *a medium-range weather forecast* (=covering the future, but not the distant future) **3** [S;U] the distance at which one can see or hear: *Shout as soon as she comes within range.* **4** [S (of);U] the distance that a gun can fire: *a hunting rifle with a range of 200 metres* | *He shot the rabbit at short/close/point-blank range.* | *He's still out of/beyond/in/within range (of my gun).* **5** [C] an area where shooting is practised, or where MISSILES are tested: *a rifle range* **6** [C (of)] a connected line of mountains, hills, etc.: *a high mountain range* **7** [*the*+S] (in N America) a wide stretch of grassy land where cattle feed **8** [C (of)] a set of different objects of the same kind, esp. for sale in a shop: *a complete range of gardening tools* **9** [C] an old-fashioned iron fireplace for cooking, built into a chimney in a kitchen —see also FREE RANGE

LDOCE² | range

4 英英辞典を使いこなそう

range¹ /reɪndʒ/ ●●● [S1] [W1] [AWL] *n*

1 VARIETY OF THINGS/PEOPLE [C usually singular] a number of people or things that are all different, but are all of the same general type: **[+of]** *a range of services* | *The drug is effective against a range of bacteria.* | **wide/broad/whole/full range of sth** *students from a wide range of backgrounds* | *advice on a whole range of subjects* | **narrow/limited range of sth** *A fairly narrow range of people are responsible for key decisions.*

2 LIMITS [C] the limits within which amounts, quantities, ages etc vary: **age/price/temperature etc range** *toys suitable for children in the pre-school age range* | *a temperature range of 72–85°.* | **in/within a ... range** *Your blood pressure's well within the normal range.* | **in the range (of) sth to sth** *a salary in the range of $25,000 to $30,000* | *Even the cheapest property was **out of** our **price range** (=too expensive for us).*

3 PRODUCTS [C] a set of similar products made by a particular company or available in a particular shop: **[+of]** *a new range of kitchenware* | *A company from Darlington has just launched its latest range of fashion jewellery.* | *The watches in this range are priced at £24.50.* | *We have a very large **product range**.* → MID-RANGE, TOP-OF-THE-RANGE

4 DISTANCE a) [C,U] the distance over which a particular weapon can hit things: **[+of]** *missiles with a range of 3000 km* | **within range (of sth)** *We waited until the enemy was within range.* | **out of/beyond range (of sth)** *I ducked down to get out of range of the gunshots.* | **at close/short/point-blank range** (=from very close) *Both men had been **shot at point-blank range**.* → LONG-RANGE, SHORT-RANGE **b)** [C,U] the distance within which something can be seen or heard: **within range (of sth)** *a handsome man who drew admiring glances from any female within range* | *any spot within range of your radio signal* | **out of/beyond range (of sth)** *Joan hoped that the others were out of range of her mother's voice.* | *One way to see birds **at close range** is to attract them into your own garden.* **c)** [C] the distance which a vehicle such as an aircraft can travel before it needs more FUEL etc: **[+of]** *The plane has a range of 3,600 miles.*

5 MUSIC [C usually singular] all the musical notes that a particular singer or musical instrument can make: *His **vocal range** is amazing.*

6 MOUNTAINS/HILLS [C] a group of mountains or hills, usually in a line: *a land of high **mountain ranges** and deep valleys* | **range of mountains/hills** *the longest range of hills in the Lake District*

LDOCE⁶ | range

英語学習者向け英英辞典の特徴と種類

同じ*LDOCE*でも、1987年刊行の第2版には小見出しはありませんが、第3版（1995年刊行）以降は小見出し（signpost）がついていますので、Japan Alpsという語から、山に関係する意味だと想像し、小見出しのMOUNTAINS / HILLSのところを見れば「山脈」の意味だということが分かります。

　昔から、英英辞典を買ったものの、難しくてほとんど使わなかった人はかなり多いようで、古書店で旧版の英英辞典が格安で売られていることがよくありますが、同じタイトルの辞書でも、古い版だと小見出しがついていないため、必要な語義が見つけにくいこともあります。

やってみよう 9

*OALD*や*LDOCE*を引き、小見出しを利用して、次のイタリックの語の意味を素早く探してみましょう。

1. There is a *jam* in the printer.
2. A severe pain *shot* through my arm.
   ヒント：shotは過去形ですので、原形から引いてみましょう。
3. All students have to pay for room and *board*.

コーパスに基づいた頻度表示

　最近の英英辞典は、英和辞典のように引いた単語がどれぐらい重要であるかを記号で表示しています。たとえば、*OALD*（第7版以降）では重要な3000語に鍵のマークがついています。また、*LDOCE*（第3版以降）では、通常の頻度表記に加え、重要な3000語に関しては、話し言葉と書き言葉に分けた頻度も記載

しています。

辞書を引こう 24

LDOCE で basically と therefore を引いてみましょう。
話し言葉でよく使われる語はどちらでしょうか？

LDOCE では、話し言葉でもっとも使われる語には、S1、S2、S3 のラベルがついていて、それぞれ、話し言葉における頻度順位が1000位以内、2000位以内、3000位以内であることを表しています。同様に、書き言葉の高頻度語には、W1、W2、W3 のように記載されています。

ba·sic·al·ly /ˈbeɪsɪkli/ ●●● S1 *adv*
1 [sentence adverb] *spoken* used to emphasize the most important reason or fact about something, or a simple explanation of something:

LDOCE⁶ | basically

there·fore /ˈðeəfɔː $ ˈðerfɔːr/ ●●● S3 W1 *adv formal*
as a result of something that has just been mentioned:

LDOCE⁶ | therefore

多くの日本人は basically を「基本的に（は）」という訳で覚えているので、堅苦しい単語だと思われがちですが、実際には「S1」の表記があることからも明らかなように「要は」のように会話の中で重要な点をまとめるときによく使われます。逆に、therefore は「それだから」「そのために」という感覚で、くだけた会話でもよく使う人がいますが、実際には日本語の「それゆえに」に相

当し、公文書や学術論文などの書き言葉でよく使われる堅い単語と言えます。LDOCE の頻度表示を見ても、書き言葉で最も多く使われる語の1つになっていますね。

やってみよう 10

次の語は、話し言葉、書き言葉のどちらでよく使われていますか。まず自分で予想し、その後で LDOCE を引き、頻度表記を見てみましょう。また、話し言葉でよく使われる語は、同じ意味のことを書き言葉ではどのように言うか、考えてみましょう。

1. absolutely
2. daddy
3. disease
4. excuse
5. fear
6. hopefully
7. penny
8. stupid
9. traditional

学術的な場面で使われる重要語も示されている

OALD や *LDOCE* では、通常の頻度表記とは別に、英語圏の大学でのコースワークや、英語で学術論文を書く際によく使われる語をまとめた *Academic Word List* (*AWL*) に載っている語を "AW"(*OALD*)、"AWL"(*LDOCE*) という記号で示しています。これらの語の中には、通常の頻度表記はそれほど高くない語もありますが、学部や大学院への留学を考えている人はぜひ知っておきたい語ばかりです。

コーパスをもとにした生きた用例

最近の辞書のほとんどはコーパス(corpus)とよばれる言語データベースをもとに、辞書執筆者が加筆修正した用例を載せています。実際の英語の使用例をもとに、英語学習者への教育的配慮を加味して書き換えることで、用例の自然さと理解しやすさを両立させています。たとえて言うなら、釣った魚の特徴を捉えたスケッチのようなものです。

一方、学習英英辞典の中には、COBUILDのように、すべての用例をコーパスからそっくりそのまま抜き出している辞書もあります。釣った魚を写真で見せると考えると分かりやすいでしょう。

辞書を引こう25

OALD と *COBUILD* で deposit（頭金）を引き、用例を

比較してみましょう。

They normally ask you to pay $100 as a deposit.（*OALD*[9]）

A £50 deposit is required when ordering, and the balance is due upon delivery.（*COBUILD*[8]）

OALD は、コーパスの用例のぜい肉をそぎ落とし、pay deposit（頭金を払う）という基本的なコロケーションが分かりやすく示されていて、高校生でも十分理解できる平易な単語、構文を使った用例になっています。

一方、*COBUILD* では、実際の通信販売の説明文のような「生の英文」をそのまま載せていますので、生きた英語に慣れていない人は難しく感じますが、…the balance is due upon delivery（差額は配達時にお支払いください）というような、受験英語などではあまり教わらない自然な表現にふれることができます。

このように、「調理された用例」と「生のままの用例」はそれぞれ一長一短がありますので、複数の学習英英辞典を買い、様々な用例にふれるようにしたいものです。

ウェブ辞書版と DVD-ROM 版のバンドル

学習英英辞典の中には、冊子版に DVD-ROM 版が同梱されているものもありますので、冊子版を買った人は自分のパソコンにインストールして電子辞書として使うこともできます。冊子版と同様の検索に加え、分野別の検索や成句だけを検索するなど、電子版ならではの特殊な検索もできます。

最近では、DVD-ROM 版のかわりに、オンラインサーバーに

置いた辞書データを無料で検索できる、ウェブ辞書版の利用権を付与する学習英英辞典も出てきています。ウェブ辞書版は、冊子版やDVD-ROM版と異なり、辞書刊行時以降に生まれた新語がその都度追加されたり、誤植が訂正されるなど、常に最新の辞書が使えることが魅力ですが、ネットに接続されている必要があるため、外出中や航空機内など、ネットアクセスのできない場所では使えません。

4-4

一般英英辞典の世界

4-3では、外国人向けの学習英英辞典の特徴や使い方についてお話ししました。皆さんの中には、こんなに分かりやすい学習英英辞典があるのだから、英語母語話者向けの英英辞典など必要ないと思った人も多いのではないでしょうか。

たしかに、日常的な英語学習や語学留学などでは、学習英英辞典があれば十分ですが、英語圏の大学に入学し、学位を取得するために英語を使って専門的なことを学ぼうとなると、学習英英辞典では物足りなく感じることも増えてきます。次の例で考えてみましょう。

質問です 22

生物学のレポートで、タコについて述べたとき、学習英英辞典の定義にしたがって An octopus is a sea creature...（タコは海の生き物で…）と書いたら、レポートでは creature のような日常語を使わないで、mollusk（軟体動物）という学術用語を使いなさいと言われました。アメリカ人の大学生が授業で使えるような、もっと難しい英英辞典はありませんか？

学習英英辞典と一般英英辞典で簡単な単語を引き比べてみましょう。

辞書を引こう 26

学習英英辞典と一般英英辞典で octopus（タコ）を引いてみましょう。

学習英英辞典

a sea creature with a soft round body and eight long arms, that is sometimes used for food（$OALD^9$）

一般英英辞典

a cephalopod mollusc with eight sucker–bearing arms, a soft sac–like body, strong beak–like jaws, and no internal shell（ODE^3）

この定義を見ても明らかですが、学習英英辞典と一般英英辞典

のもっとも大きな違いは、定義のわかりやすさです。cephalopod（頭足類）、mollusk（軟体動物）といった専門用語を使わずに、sea creature というやさしい表現で定義されている学習英英辞典は、使い慣れると手放せなくなります。こんなに分かりやすい英英辞典があるのだから、定義を読むだけで一苦労の一般英英辞典は必要ないと思うかもしれません。

　しかし、誰もが知っているやさしい単語だけで定義しようとすると焦点がぼけてしまい、だいたいの意味は説明できても、その単語の持つ厳密な意味が伝わらないことがあります。上の例の場合、sea creature と言ってしまうと、サメやクジラ、イソギンチャクなど、あらゆる海の生物が含まれてしまいます。

　こんな時には、英語母語話者が日常的に使っている一般英英辞典の出番です。一般英英辞典では、cephalopod（頭足動物）という1語を使うだけで、タコやイカなどに限定した定義をすることができます。生物学のレポートのように、学術的な厳密さが求められる場合は、学習英英辞典ではとても歯が立たないことがお分かりいただけたのではないでしょうか。

　日本で出版されている英語学習に関する本の中には、一般英英辞典は英語母語話者が私たちの国語辞典のように使うものであり、日本人は難しすぎて使いこなせない、というような説明がされているものも少なからずありますが、学習英英辞典と一般英英辞典の違いを知り、必要に応じて使い分けることができれば、英語母語話者と対等の土俵に立てることになり、日本人にとっても非常に役立ちます。

　ここでは、英検準1級やTOEICで800点以上ぐらいを持っていて、学習英英辞典の定義は十分理解できる上級レベルの皆さんを主な対象に、類書では今までとりあげられていない一般英英辞

典の特徴と使い方をお話ししたいと思います。

　なお、皆さんの使っている電子辞書には一般英英辞典が搭載されていない機種も多いと思いますが、iPhoneなどをお持ちの方は、一般英英辞典であるODEを無料で使うことができますので、お試しください。

詳しくて厳密な定義

　一般英英辞典は、欧米の大学生がコースワークで使ったり、一家に1冊常備して英語に関する疑問を解決するために使われることを想定しています。そのため、収録語数が多いだけでなく、octopusの例からも明らかなように、定義も学習辞典以上に厳密で詳しいものになっています。

　たとえば、4-1で和英辞典の代わりに学習英英辞典を使う方法を説明しましたが、学習英英辞典を使って、カンガルーの分類である「有袋類」を英語で何と言うか、調べてみましょう。やさしい単語で定義されている学習英英辞典では、kangarooを引いても、このような動物学の専門用語は使われていません。

a large Australian animal with a strong tail and back legs, that moves by jumping. The female carries its young in a pocket of skin (called a pouch) on the front of its body（OALD[9]）

　こんな時は一般英英辞典の出番です。

　　　　　　　辞書を引こう27

　一般英英辞典で、kangarooを引いてみましょう。「有袋

類」にあたる単語はどれでしょうか？

any of various herbivorous leaping marsupial mammals (family Macropodidae) of Australia, New Guinea, and adjacent islands with a small head, large ears, long powerful hind legs, a long thick tail used as a support and in balancing, and rather small forelegs not used in locomotion （$MWCD^{11}$）

OALDよりはるかに難しく、戸惑ったかもしれませんが、ここでは、marsupialが「有袋類」の意味です。そのほかにも、herbivorous（草食の）、hind legs（後肢）など、生物学の専門用語を用いて正確な定義がされています。

意味の歴史的な流れが分かる語義配列

質問です23
英文学の授業で、聖書の一節の訳をしたとき、the fowls of the air ...（創世記1:28）というくだりがありました。fowlを辞書で引いたら「ニワトリ」の意味だと分かったので、「空に浮かぶニワトリ」と訳したら、「これは鳥の意味です。いくら大昔でも、空飛ぶニワトリはいませんよ」と笑われました。昔の英語で使われていた意味が分かる辞書はありませんか？

英和辞典、英英辞典問わず、皆さんが使っている英語の辞書のほとんどすべては、頻度順、重要度順に語義が並んでいます。辞書なのだから、よく使われる意味を最初に載せるのは当たり前で、

それ以外の並び方は考えられないという人も多いのではないでしょうか。

辞書を引こう 28

学習英和辞典、学習英英辞典で fowl を引いてみましょう。一番最初に載っている語義は何でしょうか？

> **fowl*** /faʊl/（ **!** -ow- は /aʊ/; foul と同音）
> ── 名 (複 〜s /-z/,《集合的に》〜) **1** C 家禽(かきん)類《特に肉や卵が食用となる duck, chicken など》;（一般に）ニワトリ．**2** C《古》鳥 (bird)．**3** U〖複合語として; 集合的に〗…鳥 ▶wild [game] *fowl* 野[猟]鳥．**4** U 鶏[鳥]肉．

ウィズダム英和辞典 第3版 | fowl

ほとんどの英和辞典、学習英英辞典では「ニワトリ」「家禽」が先頭に出ています。上級学習英和辞典や一般英和辞典には、「古語」のラベルをつけて「鳥」の意味も出ているかもしれませんが、たとえ出ていたとしても、辞書の後のほうに出ている意味を使って訳すのは、学生にとっては勇気がいることでしょう。

頻度順配列の辞書は、現代英語の文章を読む際には非常に使いやすく、使っていて何も問題を感じない人がほとんどでしょうが、古い英語を読む時に使うと、「空飛ぶニワトリ」のように、時としてとんでもない誤訳をすることもあり、注意が必要です。今一番よく使われている意味が、昔の英語でも同じように広く使われていたとは限らないからです。英語に限りませんが、新しく生まれた語は、時間がたつにつれていろいろな意味が生まれ、本来の意味ではあまり使われなくなることは、むしろ普通のことと言えます。

こんな時には、頻度順でなく、歴史的原則（昔に生まれた古い意味から順に、時系列で並べた配列）に基づいた辞書を使うと便利です。一般英英辞典の多くは頻度順配列ですが、歴史的原則に基づいた辞書もいくつかあります。アメリカのカレッジ版辞書でトップシェアを誇る MWCD もその1つです。

> ¹**fowl** \ˈfau̇(-ə)l\ *n, pl* **fowl** *or* **fowls** [ME *foul*, fr. OE *fugel;* akin to OHG *fogal* bird, and prob. to OE *flēogan* to fly — more at FLY] (bef. 12c)　**1** : a bird of any kind — compare WATERFOWL, WILDFOWL　**2 a** : a cock or hen of the domestic chicken (*Gallus gallus*); *esp* : an adult hen　**b** : any of several domesticated or wild gallinaceous birds — compare GUINEA FOWL, JUNGLE FOWL　**3** : the meat of fowls used as food

MWCD¹¹ | fowl

　この配列からも明らかなように、fowl はもともとは鳥全般を表していたのが、後になって家禽類（とくに成熟したニワトリ）に限定されるようになったことが分かります。

　専門的な辞書の中には、それぞれの語義がいつ頃生まれて、どれぐらいの間使われていた（いる）のかを記しているものもあります。スマートデバイスアプリにもなっている SOED もその1つですが、この辞書を引くと、鳥全般を表す用法（語義1）は古英語（OE）時代に生まれ、今では古語（arch.=archaic）であることや、ニワトリに限定した用法（語義2）は中期英語（ME）時代に生まれた（この辞書には出ていませんが、実際には1530年前後）ことが分かります。

fowl
/faʊl/
noun. Pl. same, -s. OE.

[ORIGIN: Old English *fugol* = Old Frisian *fugel*, Old Saxon *fugal*, Old High German *fogal* (Dutch *vogel*, German *Vogel*), Old Norse *fugl*, Gothic *fugls*, from Germanic, from base of **fly** verb.]

1. A bird. *arch.* exc. as 2nd elem. of comb. (see below). OE.
▸†b *spec.* A game bird. M17–M18.
E. Topsell To defend them from Eagles, and other ravening Fowls. Milton Beasts of chase, or fowl of game in pastry built.
(▸b) Evelyn Sometimes we shot at fowls and other birds.

domestic fowl: see **domestic** adjective 2.
game-fowl: see **game** noun.
guinea fowl: see **guinea** 1.
waterfowl, **wildfowl**.

2. A domestic cock or hen; any of various gallinaceous birds chiefly kept for eggs and flesh. Also *US*, a domestic duck or turkey. ME.
D. L. Sayers I had half a dozen fowls to kill and pluck.

Surrey fowl: see **Surrey** noun[1] 2.

†3. In pl. Winged creatures. LME–M17.
T. Gage Battes, or Rear-mice and other fowle.

4.
▸a *gen.* The flesh of fowl, esp. as food. Now only in *fish, flesh, and fowl*. L16.
▸b *spec.* The flesh of a domestic cock or hen considered as food. M19.
(▸b) I. M. Beeton The remains of cold roast fowl.

Combinations:
fowl **cholera**;
fowl leucosis: see leucosis 2:

SOED | fowl

　聖書にも様々な英語版がありますので、最近の聖書ではfowlsのかわりにbirdsが使われていますが、「質問です23」に出てきた聖書は欽定訳聖書(King James Bible)といって、1611年に刊行されたものです。そのため、当時は「ニワトリ」の意味が出てきたばかりであることから考えても、fowlは鳥全般の意味であると解釈するのが自然でしょう。

　このように、歴史的原則に基づいた辞書に慣れると、とくに昔の英語を読む際には手放せなくなります。また、3-3でふれた、一般英和辞典を使って語源欄の読み方をマスターした人は、同じ単語を歴史的原則の一般英英辞典で引いてみると、単語自体の歴

史だけでなく、単語の1つ1つの意味の歴史が手にとるように分かります。英語に入ったばかりの頃は、一般的な意味を持ち、誰もが知っている「有名人の単語」だったのに、だんだん意味の範囲が狭まってしまい、知名度が低くなってしまった単語（意味の特殊化）もあれば、逆に、時を経るにつれて有名になっていった語（意味の一般化）もあります。昔はよいニュアンスの語だったのが今ではマイナスなニュアンスになったり（意味の下落）、逆に悪い意味で用いられていた語がプラスの響きを持つようになったり（意味の向上）と、単語の「語生」も人間の人生模様に匹敵する様々なドラマがあることに気づくでしょう。

英語母語話者のこども向け学習英英辞典

日本ではあまり知られていませんが、学習英英辞典には、この章で取り上げた、英語を学習している外国人向けのものだけでなく、英語圏で母語として英語を学んでいるこども向けのものもあります。こども向けと言っても、小学生を対象とした辞書なら、*OALD* や *LDOCE* よりも詳しく、深みのある定義がされていることがあり、一般英英辞典ほど難解ではないので、外国人学習者向けの英英辞典は物足りないけど、*MWCD* のような成人の英語母語話者向け辞書は歯が立たないという方の2冊目の英英辞典として最適です。

ear の定義を、外国人学習者向け英英辞典（*LDOCE*）と英語母語話者のこども向け英英辞典（*MWED*）、（成人）英語母語話者向け英英辞典（*MWCD*）の3冊で引

き比べてみましょう。LDOCEでは、「音を聞くための器官」としか説明されていませんが、英語母語話者向けのMWEDやMWCDでは、脊椎動物に特有の器官であることや、外耳、中耳、内耳に分かれること、聴覚だけでなく、平衡感覚をつかさどる器官でもあることなど、解剖学的にも厳密な定義がされています。こども向けのMWEDは、MWCDとほぼ同じ内容でありながら、やさしい単語に置きかえたり、一部を省略するなど、より平易な定義になっていることが分かります。

英語学習者向け英英辞典

one of the organs on either side of your head that you hear with (LDOCE[6])

（こども）英語母語話者向け英英辞典

the organ of hearing and balance of vertebrates that in most mammals is made up of an outer part that collects sound, a middle part that carries sound, and an inner part that receives sound and sends nerve signals to the brain (MWED)

（成人）英語母語話者向け英英辞典

the characteristic vertebrate organ of hearing and equilibrium consisting in the typical mammal of a sound-collecting outer ear separated by the tympanic membrane from a sound-transmitting middle ear that in turn is separated from a sensory inner ear by membranous fenestrae (*MWCD*[11])

やってみよう11

次のそれぞれの語をMWCDなどの歴史的原則で配列された英英辞典で調べ、それぞれ意味がどのように変化していったか（意味の特殊化・一般化・向上・下落）を考えてみましょう。

> ヒント：歴史的原則の英英辞典がない場合は、一般英和（英英）辞典の語源欄を見て考えてみましょう。

1. cunning　　（　　　　　　）
2. deer　　　　（　　　　　　）
3. girl　　　　（　　　　　　）
4. minister　　（　　　　　　）

こんな辞書も使ってみよう

電子辞書を使っている皆さんは多いと思いますが、英語の辞書は、英和、和英、英英辞典を使うことがほとんどで、それ以外の辞書は使ったことがないという人も多いのではないでしょうか。他にどんな辞書が入っているか知らないという人もいるかもしれません。

　この章では、英和、和英、英英辞典以外の辞書の中から、最近の電子辞書に収録されている辞書をいくつか紹介し、どのように使えば皆さんの英語学習に役立つかについて考えてみたいと思います。

5-1

シソーラス（類語辞典）

　まず始めにとりあげるのがシソーラス（thesaurus）です。舌を噛みそうな名前ですが、ある単語と似たような意味を持つ語を羅列した「類義語辞典」です。thesaurus という語は、ギリシャ語の thēsaurós（「宝庫」）に由来していますが、知らない単語の意味を調べる英和辞典と違い、皆さんがすでに知っている単語を手がかりに、まるで宝探しをするかのように、知らない単語をたくさん見つけ出すことができます。

　英語を書く際には、同じ単語を繰り返さないで似たような意味の語で言いかえることが多いので、シソーラスは英語母語話者にとっては必需品です。米国では、空港内のブックスタンドや田舎町のコンビニでも、安価なペーパーバックのシソーラスが売られています。しかし、日本の英語教育の中でシソーラスの使い方を

学ぶ機会はほとんどないためか、「シソーラスは専門家が英語を書くときに使うものだから自分には関係ない」と思っている人も多いのではないでしょうか。シソーラスという辞書自体を知らなかった人もいるかもしれません。この章では、「高嶺の花」のイメージがあるシソーラスを、もっと気軽に皆さんの英語学習に役立てるためのコツをいくつかお話しします。

英英辞典のかわりにシソーラスを使ってみよう

　英英辞典の使い方は第4章でお話ししましたが、学習英英辞典の定義が理解できるようになると、易しい英語とはいえ、長々と説明されている定義を読むのがまだるっこしく感じる人も多いのではないでしょうか。私の周囲の学生を見ていても感じますが、英英辞典がある程度使いこなせるようになった人の中で、英英辞典は勉強になるけど、単語の意味を素早く知りたいときは英和辞典のほうが便利と言って、英英辞典から遠ざかってしまう人も少なからずいます。

　そんな方におすすめしたいのが、シソーラスを英英辞典のかわりに使うということです。本来は英語を書くときに使うシソーラスを、発想を転換して読むときの道具として使ってみるわけです。

辞書を引こう29

英英辞典を引いて、イタリックの語の意味を考えてみましょう。

The *contours* of the Sanriku coast is very irregular.

シソーラス（類語辞典）

LDOCE では、次のように定義されています。

the shape of the outer edges of something such as an area of land or someone's body（*LDOCE*[6]）

　学習辞典の定義をじっくり読めば、「土地や身体などの外形」＝「輪郭」の意味だと見当がつきますが、英和辞典のように、もっと手っ取り早く意味を調べることはできないのでしょうか？
　こんなときはシソーラスの出番です。最近の電子辞書の多くの機種にはシソーラスが搭載されていますが、英和辞典や英英辞典と違い、「メニュー」キーを押して一覧の中から選ぶ必要があります。

辞書を引こう 30

シソーラスを引いて、上の文のイタリックの語の意味を考えてみましょう。

　OTE で contour を引くと、次のように多くの類語が出てきます。

outline, shape, form; lines, curves, figure; silhouette, profile; *rare* lineation（*OTE*[3]）

　英英辞典と違い、シソーラスでは定義を「読む」必要はなく contour と同じような意味の語の羅列の中から、自分の知っている単語を手がかりに意味を推測することになります。outline（輪郭）、shape（形）、form（形状）など、比較的易しい単語の意味

を頼りにcontourの意味が導き出せるのではないでしょうか。英英辞典と違い、自分の知らなかった単語や表現を発見できるのも、シソーラスならではです。たとえば、カタカナ語の「シルエット」（影絵）を知っていても、英語のsilhouetteに「輪郭」の意味があるということは考えつかなかったという人も多いのではないでしょうか。

　なお、シソーラスでは、通常、最初のほうに出ている語ほど見出し語（contour）により近い意味を持った一般的な語で、後にいくにつれて、特殊なニュアンスを伴ったり、使われる地域が限定されている語が含まれるようになります。英語を読む場合に、英英辞典のかわりに使うのであれば問題はありませんが、次で述べる、英語を書くときに使う場合は注意が必要です。

やってみよう12

　次のイタリックの語の意味を、シソーラスを使って考えてみましょう。

Coherent argument is important for debating.

英語を書くときにシソーラスを使ってみよう

　次に、シソーラス本来の使い方である、英語を書くときに似たような単語を探す方法を試してみましょう。

　まず、辞書を見ないで、空欄に入る「読む」という意味の動詞を、できるだけたくさん考えてみましょう。

シソーラス（類語辞典）

Shiho always (　　　　　　　) the English newspaper in the morning.
（シホは朝いつも英字新聞を読みます）

　「読む」という意味の語で誰もが思い浮かべるのは read でしょう。中学 1 年生でも知っているようなこういった易しい語は、どんな場面や相手に対しても問題なく使える「八方美人の単語」と言えます。一方で、ある程度英語を勉強した人にとっては「もっと大人っぽい単語で言えないだろうか」「自分の言いたいことだけでなく、自分の気持ちも一緒に包んで伝えられる単語はないだろうか」と思う人も多いのではないでしょうか。

　すでに知っている単語のかわりに使える、癖はあるけれど個性的な単語を知りたい…こんな時こそ、シソーラスの出番です。

辞書を引こう 31

　OTE などのシソーラスで read を引いてみましょう。

　シソーラスで read を引くと、read と似たような意味を持つ語がたくさん出てきます。たとえば、OTE には、次のような類義語が載っています。

peruse, study, scrutinize, look through; pore over, devour, be absorbed in, bury oneself in; wade through, plough through; run one's eye over, cast an eye over, leaf through, scan, glance through, flick through, skim through, thumb through, flip through, browse through, dip into; *archaic* con.（OTE[3]）

「読む」という意味の単語が、read以外にこんなにたくさんあったということに驚いた人も多いのではないでしょうか。3-3でもふれたように、英語の語彙はreadのように「英語の大和ことば」であるゲルマン系の語と、perusеやscrutinizeなど、12世紀以降にフランス語やラテン語から「転校」してきたラテン系の語など、様々な出自を持つ語が入り乱れています。そのため、世界の言語の中でも語彙の数が多く、学習者泣かせであると言えます。

　これだけたくさんの類義語があると、どれを使えばいいのか迷ってしまう人も多いでしょう。シソーラスは、本来は英語母語話者がもともと知っている単語を思い出させるための道しるべのようなものですから、1つ1つの語のニュアンスの違いや細かな意味のずれは無視して、大まかに意味が似た単語を羅列しています。

　英語母語話者であれば、ここに出ている単語の多くはすでに知っていますので、自分の語感を頼りに一番しっくりくる語を使えばいいのですが、私たちにとっては類義語としてあげられているからといって、何でもかんでも適当に使ってしまうと、自分の意図したことがうまく伝わらないこともあります。

　たとえば、左の「辞書を引こう31」の場合、

Shiho always *flicks through* the English newspaper in the morning.

のように言うと、「英字新聞にざっと目を通す」という意味になりますが、

Shiho is always *absorbed in* the English newspaper in the morning.

シソーラス（類語辞典）

なら「英字新聞を読むのに夢中になる」という意味になり、ニュアンスが大きく違ってきます。

そのため、私たち外国人がシソーラスを使うときは、とくに自分がよく知らない類義語は、面倒でも英和辞典や英英辞典で引き直し、自分の言いたいことをきちんと伝えてくれる語であるかどうかを確認する必要があります。ありがたいことに、電子辞書では、シソーラスに出ている語を選んで、簡単に英和辞典や英英辞典にジャンプすることができます。冊子版のシソーラスでは真似できないことですので、英和辞典や英英辞典は冊子辞書を使っている人でも、シソーラスは電子辞書に搭載されているものを使ってみることをおすすめします。

シソーラスの真打ち『ロジェのシソーラス』

5-1で紹介したOTEは、見出し語がアルファベット順に並んでいるものです。そのため、ある単語の類義語を知りたいというときに、英和辞典のような感覚で誰でも簡単に引くことができます。

もっとも、アルファベット順配列のシソーラスの歴史は浅く、もともとシソーラスといえば、「自然」「行動」「感覚」…のように、意味ごとに分類し、「あるカテゴリーと同じ仲間の語を一覧した辞書」でした。アルファベット順にはなっていないので、特定の単語の類義語を知りたい場合は巻末にある膨大な索引から引き直す必要があります。電話帳にたとえるなら、アルファベット順のシソーラスはハローページ（五十音別電話帳）、意味別のシソーラスは

タウンページ（職業別電話帳）と考えると分かりやすいでしょう。

人間世界の森羅万象を1000近い項目に切り分け、あらゆる単語を分類していくという作業は気が遠くなりますが、それをライフワークとして行ったのがロジェ（Peter Mark Roget）という人物です。もともと医師であったロジェですが、今では、現役を引退してから作り上げた『ロジェのシソーラス』（*Roget's Thesaurus of English Words and Phrases*）の編者として語り継がれています。

外国人の英語学習者が実用的な用途で使うには敷居が高い『ロジェのシソーラス』ですが、たとえば、foodの項には、eatの類義語から始まって、調理法や摂食障害、肉、デザート、果物、野菜の種類に至るまで、「食」に関する何百という語が約5ページに渡ってリストされているため、使いこなせばブレインストーミングの道具としても役立ちます。

英語圏でも、最近では利便性を重視したアルファベット順配列のシソーラスが一般的ですが、日本で出版されている『日本語シソーラス』（大修館書店）、『新明解類語辞典』（三省堂）、『類語新辞典』（角川書店）などの日本語類語辞典の多くは、ロジェのシソーラスのような意味別分類になっています。英語だけでなく、日本語のシソーラスも座右に置き、母語話者として恥ずかしくない日本語力も身につけたいものですね。

301 Food: eating and drinking

N. *eating*, munching etc. vb.; taking food, ingestion; alimentation, nutrition; feeding, drip-f., force-f., gavage; consumption, devouring; swallowing, downing, getting down, bolting; manducation, biting, chewing, mastication; rumination, digestion; chewing the cud; pasturing, cropping; eating meals, table, diet, dining, lunching, breakfasting, supping, having tea, snacking; communal feeding, messing; dining out 882 *sociability*; partaking; delicate feeding, tasting, nibbling, pecking, licking, playing with one's food, toying with one's f.; lack of appetite, eating disorder, anorexia, anorexia nervosa; ingurgitation, guzzling, gobbling; overeating, overindulgence, bingeing, bulimia nervosa, seesaw eating 944 *sensualism*, 947 *gluttony*; obesity 195 *bulk*; appetite, voracity, wolfishness 859 *hunger*; omnivorousness, omophagia 464 *indiscrimination*; eating habits, table manners 610 *practice*; flesh-eating, carnivorousness, creophagy, ichthyophagy; anthropophagy, man-eating, cannibalism; herbivorousness, vegetarianism, veganism 942 *abstainer*; edibility, digestibility; food chain, food web.

feasting, eating and drinking, gormandizing, guzzling, swilling; banqueting, eating out, dining out, having a meal out; regalement; orgy, bacchanalia, Lucullan banquet, state b., feast; reception, wedding breakfast, annual dinner, do 876 *celebration*; harvest supper, beanfeast, beano, bunfight, thrash; Christmas

Roget's Thesaurus of English Words and Phrases | food

5-2

コロケーション（連語）辞典

質問です 24
英文日記を書いていて、「強い雨でずぶぬれになった」と英語で言いたいとき、そのまま strong rain としてよいのでしょうか？

コロケーションとは

「コロケーション」といってもピンとこない皆さんが多いかもしれませんので、日本語の例で考えてみましょう。自然な日本語になるように、次の空欄に「する」以外の動詞を入れてください。

・趣味は将棋を（　　　　　　　）ことです。

・趣味は囲碁を（　　　　　　　）ことです。

「する」なら囲碁、将棋のどちらにも使えますが、それ以外の動詞で言うのなら、「将棋を指す」「囲碁を打つ」とするのが一般的ですね。しかし、英語母語話者で初級レベルの日本語を学んでいる人は、英語の play shogi [go] からの類推で「? 将棋を［囲碁を］遊ぶ」と言う人もいるでしょうし、かなり日本語が話せる留学生でも「? 将棋を打つ」「? 囲碁を指す」と言ったりすることは珍しくありません（? は不自然な文であることを表します）。

このような言い方は、文法的には全く問題ないのですが、単語

同士の「相性」の関係で、母語話者にとっては（理屈では説明できないのに）何となく不自然に感じてしまいます。この「単語同士の相性」こそが、コロケーションの基本となる考え方です。

英語にも、同じように単語同士の相性があります。先日、私の英語の授業でトップクラスの学生が、"? I was very nervous before performing my speech." と英作文に書いてきました。performing を delivering に直して返したところ、perform a play（劇を上演する）という言い方は問題ないのに、なぜ perform a speech ではいけないのか、と質問されました。人間同士の相性を理詰めで説明できないのと同じで、いくら英文法をしっかり学んでも、単語同士の相性は理屈で説明することができません。そのため、自然なコロケーションを身につけるのは、母語話者にとっては苦もないことですが、日本語であれ、英語であれ、ある程度のレベルに達した外国語学習者の前に立ちはだかる「ラスボス」的な存在であると言えます。

コロケーション辞典を使ってみよう

英語学習者にとっては鬼門と言ってもよいコロケーションですが、コロケーション専門の辞書を使えば、近くに英語母語話者がいなくても、ある程度は自然な表現を書くことができます。

コロケーションの研究は、コーパスという、生の英文のデータベースが普及したこの20年近くで急速に進み、最近の語彙、辞書研究のトレンドになっています。それとともに、一般の学習者を対象にしたコロケーション辞典が、とくに海外の出版社から何冊か出ています。

大学生向け、専門家向けの電子辞書の多くには、*OCD* や *LCDT* が入っています。これらのコロケーション辞典は、通常

の英和、和英、英英辞典などとは違い、名詞から引くのが基本です。

　練習として、先ほど例に挙げた、perform a speech / deliver a speech のどちらが自然な表現か、コロケーション辞典で speech を引いてみましょう。コロケーション辞典では、コロケーションの種類によって分類されています。たとえば、この問題では「動詞＋名詞」のコロケーション、すなわち、名詞（speech）の前に「する」にあたるどんな動詞がくるかを調べたいのですから、VERB + SPEECH の項目を見てみましょう。

―――――― 辞書を引こう 32 ――――――

　OCD で speech を引き、「VERB+SPEECH」の項目を見てみましょう。

VERB + SPEECH
- **deliver, give, make, read**
  The President will deliver a major foreign-policy speech to the United Nations.
- **broadcast**
  His speech was broadcast on national radio.
- **write**

OCD^2 | speech 2 | 抜粋

　ここからも、「スピーチをする」は deliver a speech、give a speech などのほうが、?perform a speech よりも自然な言い方であることが分かります。

　もう1つ例題をやってみましょう。下線部の日本語訳に合うような動詞をカッコ内に入れてみてください。まずは自力で挑戦し

てみてから、OCDを引いて調べてみましょう。

The campers (　　　) their tent near the stream.
(キャンプに来た人は小川のそばにテントを張った)

Tom (　　　) the engine of his motorcycle.
(トムはバイクのエンジンを吹かした)

辞書を引こう 33

OCDで、tent、engineの項を引き、「VERB + TENT [ENGINE]」の項目を見てみましょう。

VERB + TENT
- **erect, pitch, put up, set up**
  They pitched their tent in a little clearing in the woods.
- **unzip, zip up**
- **take down**
- **pack, pack up**
- **fold, fold up**
- **share**

OCD^2 | tent | 抜粋

VERB + ENGINE
- **crank, crank up, fire, ignite, start, switch on, turn on**
  The rocket engine is ignited.
- **cut** (*informal*)**, kill** (*informal*)**, shut down, shut off, switch off, turn off**
  He pulled up under some trees and cut the engine.
- **gun** (*AmE*)**, rev, rev up, run**
  She sat at the traffic lights revving the engine.
- **power**
  Its engine is powered by both gasoline and electricity.
- **repair, service, tune**
- **lubricate**
- **build**
- **fit (sth with), install**
  The new model is fitted with a more powerful engine.

OCD^2 | engine 1 | 抜粋

　ここからも、They pitched their tent in a little clearing in the woods.（彼らは森の中の少しの空間にテントを張った）という用例とともに、pitch [erect, put up, set up] a tent というコロケーションを知ることができます。英語が得意な人でも、pitch は「投げる」という意味しか知らなかった人が多いのではないでしょうか。

　エンジンを「吹かす」は、「エンジンをかける」「エンジンを切る」に続き、She sat at the traffic lights revving the ~.（彼女は信号待ちでエンジンを吹かしていた）という用例が出ていることからも、rev [gun, run] the engine のように言うことが分かります。

　皆さんの多くは、受験勉強などを通して、burn the midnight oil（夜更かしをする）、come in handy（役に立つ）など、たくさんの英語の成句（イディオム）を覚えたと思います。イディオムは、コロケーションの中でも単語ごとの結びつきがより強く、決まり文句のようになったものですが、現代英語であまり使われないことわざやイディオムを受験勉強でたくさん覚えた人でも、

コロケーション（連語）辞典

「スピーチをする」「テントを張る」「エンジンを吹かす」といった、日本語では簡単そうにみえる表現を英語ではどう言えばいいか分からないという人はたくさんいます。コロケーション辞典を使いこなせば、和英辞典に出ている訳語をつなげたぎこちない英文でなく、英語母語話者が日常的に使うような自然な英語を、ごく普通の日本人でも自信を持って使うことができるようになります。

日本人による、日本人のためのコロケーション辞典

　OCD や *LCDT* では、最新のコーパスをもとにした自然なコロケーションを知ることができますが、連語の意味の違いが分かりにくいため、使いにくいと感じるかもしれません。

　実は、日本には、戦時中に編纂され、1995年に大改訂された本格的なコロケーション辞典である『新編英和活用大辞典』(英活)があり、最近の大学生、専門家向け電子辞書の多くには*OCD*とペアで搭載されています。使い方は *OCD* や *LCDT* と同じで、名詞を検索すると、その名詞と一緒に使われる動詞や形容詞が出てきます。

　英活ならではの特徴として、ただ単語を羅列するのでなく、日本語訳のついた合計約38万にわたる豊富な用例で、実際のコロケーションを例示していることがあげられます。用例の多さを売り物にしている英和辞典、英英辞典でも10数万例程度ですから、現代英語の辞書としては、世界中の辞書の中でもっとも用例数の多い辞書と言ってもよいでしょう。

　試しに、英活でtentを引き、【動詞＋】(動詞の後に名詞(tent)が続く例)のところを見てみると、「テントを張る」という複数の用例が出てきます。

【動詞＋】
◆**erect** a *tent* テントを張る
◆**fold (up)** a *tent* テントをたたむ
◆**peg down** a *tent* 木くぎを打ってテントを張る
◆**pitch** a *tent* テントを張る
◆**put [run, set] up** a *tent* テントを張る
◆**take down [dismantle]** a *tent* テントを取りはずす．

新編英和活用大辞典｜tent｜動詞＋

　21世紀になってから新刊行された *OCD* や *LCDT* にくらべ、英活は改訂を重ねているとはいっても、時には古めかしい用例も出てきたりします。日本語訳のある英活と、最新の英語のコロケーションが反映されている *OCD* や *LCDT* は、それぞれ一長一短ありますので、両者を併用して使うことをおすすめします。

やってみよう 13

129ページの「質問です24」に出てきた「ヒデキは強い雨でずぶぬれになった」という意味になるように、英活や *OCD*、*LCDT* を使ってカッコ内に適切な形容詞を入れてみましょう。

Hideki was wet to the skin in a （　） rain.

あとがき

　ドラえもんの秘密道具の一つに、好きなものに変身する「オコノミボックス」というものがあります。家のストーブが壊れたジャイアンがのび太から奪い取ったのですが、ドラえもんがこっそりクーラーに変えてしまったために家中が冷えてしまい、家族に大目玉を食らうという話です。何でもできる物は便利で魅力的に見えますが、それに頼りすぎると痛い目にあうということに気づかされます。

　今後、スマホやタブレットのような「21世紀のオコノミボックス」がどれだけ普及しても、紙という信頼性の高いメディアを使った冊子辞書がなくなることはないでしょう。その最大の理由は、冊子辞書は実用品であると同時に、丹精こめて作り上げた芸術作品でもあるということにあります。冊子辞書を編纂する際は、内容は言うまでもなく、紙の色合いやページのめくりやすさ、行間、フォントサイズなど、一見些末に思われることも編集会議で議論を重ねています。ことばを愛し、辞書を愛し、ことばを使う人を愛する、ちょっと変わっているけど決して憎めない人たちが総力を結集して作り上げた冊子辞書は、これからも辞書の原点として長く生き続け、翻訳サイトや無料の辞書アプリなどに依存してしっぺ返しを食った人たちをも、温かく迎えてくれることでしょう。本書を通して、1人でも多くの方がそんな辞書の魅力に気づき、人一倍辞書を引く中でことばを大切に使おうと思ってい

ただけることを願っています。

　なお、具体的な辞書の紹介については、頻繁なアップデートが必要になるため、本書では割愛せざるをえませんでした。本書でとりあげられなかった辞書を含め、英語や日本語の様々な辞書を紹介した『英語・日本語（国語）辞書へのアプローチ』という小冊子を、本書の読者の皆様限定で公開しています。ご関心のある方は、以下のＱＲコードからアクセス、ダウンロードしてください。

https://dl.dropboxusercontent.com/u/57616267/ejdicapp-hituzi.pdf

やってみようの解答例

p.40 やってみよう1
1. great white shark（*shark でワイルドカード検索）
2. entomologist（*logist でワイルドカード検索）
3. workaholic（??rk?ho?i? でワイルドカード検索）

p.52 やってみよう2
1. horse：「テツオはほっそりしているがいつもたくさん食べます」
2. chicken：「卵がかえる前に雛の数を数えるな」（捕らぬ狸の皮算用）
3. rabbit：「マコトは合唱部を存続させるために予想外の解決策を出した」
4. dog：「コーチは彼女にひどい扱いをした」
5. bear：「彼はいつもぷりぷりしている」

p.54 やってみよう3
1. Serengeti National Park（セレンゲティ国立公園）：「国立公園」「タンザニア」をキーワードにして全文検索。
2. Kilimanjaro（アフリカ大陸の最高峰：「アフリカ」「最高峰」で全文検索）、Kosciusko（オーストラリアの最高峰：「オーストラリア」「最高峰」で全文検索）、McKinley（北米の最高峰：「北米」「最高峰」で全文検索）

p.77　やってみよう4
1. (形容詞) annual「年1回の」→ (名詞) year「1年」
2. (形容詞) aquatic「水の」→ (名詞) water「水」
3. (形容詞) canine「犬の」→ (名詞) dog「犬」
4. (形容詞) feline「猫の」→ (名詞) cat「猫」
5. (形容詞) lunar「月の」→ (名詞) moon「月」

p.80　やってみよう5
◎古英語時代の語：top, time, rise, still, few, wintry
◎中英語時代に英語に入ってきた語：summit, age, ascend, quiet, scarce, bleak
◎16世紀以降に英語に入ってきた語：apex, epoch, zoom, quiescent, sparse, hibernal

p.83　やってみよう6
bungalow：ヒンディー語
cider：ヘブライ語
cookie：オランダ語
dolphin：ギリシャ語
gecko：マレー語
geyser：アイスランド語
karate：日本語
ketchup：マレー語
mammoth：ロシア語
ombudsman：スウェーデン語
pistol：チェコ語
robot：チェコ語

　　　　samba：ポルトガル語
　　　　Santa Claus：オランダ語
　　　　sauna：フィンランド語
　　　　sherbet：アラビア語
　　　　ski：ノルウェー語
　　　　sofa：アラビア語
　　　　taboo：トンガ語
　　　　typhoon：中国語
　　　　yoga：サンスクリット語
　　　　yogurt：トルコ語

p.90　やってみよう7

　　　学習英英辞典でcarを引くと

　　　a road vehicle with an engine and four wheels that *can carry a small number of passengers* (OALD^9)

　　　となっています。日本語の「車」は、乗用車だけでなく、バスやトラックを含めた自動車すべてを含みますが、英語のcarは上のイタリックの部分からも明らかなように、乗用車のみをさします。

p.93　やってみよう8

　　　1. land（英英辞典でairport、runwayなどを引いてみましょう）
　　　2. red spots、hives、rash（measles、chicken poxなどを引いてみましょう。hivesやrashは医学用語なので、学習英英辞典では一般的な「発疹」を表すred spotsがよく使われています）

3. obey the law（police などを引いてみましょう）

4. reduce、remove（massage、painkiller などを引いてみましょう）

5. every three years（Olympic Games を引いてみましょう）

p.102 やってみよう9

1.「紙詰まり」（小見出しの MACHINE を探してみましょう）

2.（痛みなどが）「走る」（shoot の小見出しの MOVE QUICKLY を探してみましょう）

3.「食事代」（小見出しの MEALS を探してみましょう）

p.104 やってみよう10

◎ 話し言葉でよく使われる語：absolutely（S1/W3）、daddy（S1）、stupid（S1/W3）、penny（S1）、excuse（S1）、hopefully（S1）

◎ 書き言葉でよく使われる語：disease（S3/W1）、fear（S3/W1）、traditional（S3/W1）

p.117 やってみよう11

1. 意味の下落：「知識のある」の意味から、巧みな、ずるいと言うマイナスなニュアンスに変化しました。

2. 意味の特殊化：「動物全般」の意味から「鹿」を表すようになりました。

3. 意味の特殊化：（性別に関係なく）「若者」の意味から、「少女」に変化しました。

4. 意味の向上：「召使い」から「大臣」に変化しました。

p.123 やってみよう 12

OTE^3 で coherent を引くと、logical、reasoned、reasonable、well reasoned、rational、sound、cogent; consistent、well organized、systematic、orderly、methodical（後略）…のような類語が出ています。logical「論理的な」、reasonable「理にかなった」などの類語から推測し、「ディベートでは、筋の通った議論をすることが大切です」という意味であると判断できます。

p.135 やってみよう 13

OCD や $LCDT$ で rain を引き、ADJ（OCD の場合）、ADJECTIVES（$LCDT$ の場合）の項を見ると、heavy、pouring などが出てきますので、Hideki was wet to the skin in a *heavy* rain. のように言えます。

関山健治（せきやま・けんじ）
1970年、愛知県生まれ。名古屋学院大学外国語学部英米語学科卒業、南山大学大学院外国語学研究科英語教育専攻修了。愛知淑徳大学大学院文学研究科英文学専攻博士後期課程単位取得退学。沖縄大学専任講師、准教授を経て、2014年から中部大学准教授。専門は、英語辞書学・応用言語学。
著書に『辞書からはじめる英語学習』（2007年、小学館）、『英語のしくみ』（2009年、白水社）、『日本語から考える！ 英語の表現』（共著、2011年、白水社）などがある。『ウィズダム英和辞典』（三省堂）、『プログレッシブ英和中辞典』（小学館）の校閲、執筆も担当。

シリーズ監修　赤野一郎・内田聖二

ちょっとまじめに英語を学ぶシリーズ1
英語辞書マイスターへの道
A Practical Guide to Using English Dictionaries
Kenji Sekiyama

発行	2017年7月20日　初版1刷
定価	1600円+税
著者	©関山健治
発行者	松本功
ブックデザイン	小川順子
印刷・製本所	株式会社シナノ
発行所	株式会社ひつじ書房
	〒112-0011 東京都文京区千石2-1-2 大和ビル2階
	Tel.03-5319-4916　Fax.03-5319-4917
	郵便振替 00120-8-142852
	toiawase@hituzi.co.jp　http://www.hituzi.co.jp/
	ISBN978-4-89476-823-9

造本には充分注意しておりますが、落丁・乱丁などがございましたら、小社かお買上げ書店にておとりかえいたします。
ご意見、ご感想など、小社までお寄せ下されば幸いです。

ひつじ書房　刊行書籍のご案内

脱文法 100トピック
実践英語トレーニング

中山誠一・Jacob Schnickel・Juergen Bulach・山内博之著

定価1,600円+税

「食」「旅行」「美容・健康」などの身近な話題から「宗教」「政治」「テクノロジー」などの抽象的な話題に至るまで、100種類の話題で英語の「話す・聞く」トレーニングを行う。トレーニングの方法としては、並んでいる日本語の単語を逐語訳していくだけで、英文が自然に口から出てくる「瞬間トランスレーション法」という独自の手法を採り入れている。また、それぞれの話題に、難易度の異なる三段階の練習を配置し、CEFRのA1、A2、B1のレベルに対応できる工夫も施されている。

★音源はネットで提供

英語の学び方

大津由紀雄・嶋田珠巳編
定価 1,500 円+税

英語が使えるようになりたいと思っている人は多いが、悩みを抱える人もまた多い。本書では、英語学習を効果的かつ効率的に進めるために必要なことを、わかりやすく解説。英語の構造や機能、辞書の利用法のほか、類書ではあまり触れられることのない世界の諸英語やノンバーバル・コミュニケーションの視点も取り入れ、英語を学ぶ秘訣に迫る。

Writing for Academic Purposes
英作文を卒業して英語論文を書く

田地野彰・ティム スチュワート・デビッド ダルスキー編
定価 2,000 円+税

本書は、大学・大学院生を対象として、高校までの一般的な英文作成から専門論文に求められるアカデミックライティング技能への橋渡しを目的として執筆された。「学術目的の英語」（EAP）教育分野における最新の研究成果と京都大学での授業実践に基づきながら、特定の専門分野に偏ることなく、アカデミックライティングの重要概念の紹介と実践を通して、幅広い視点からライティング技能の向上を図る（日本語注釈つき）。